永远先人一步

李书福教给年轻人的成长哲学

甘开全◎著

民主与建设出版社
·北京·

©民主与建设出版社，2021

图书在版编目（CIP）数据

永远先人一步：李书福教给年轻人的成长哲学 / 甘开全著. -- 北京：民主与建设出版社，2020.11
ISBN 978-7-5139-2869-4

Ⅰ.①永… Ⅱ.①甘… Ⅲ.①李书福－传记 Ⅳ.①K825.38

中国版本图书馆CIP数据核字（2020）第221820号

永远先人一步：李书福教给年轻人的成长哲学
YONGYUAN XIANRENYIBU LI SHUFU JIAOGEI NIANQINGREN DE CHENGZHANGZHEXUE

著　　者	甘开全
责任编辑	李保华
封面设计	久品轩
出版发行	民主与建设出版社有限责任公司
电　　话	（010）59417747　59419778
社　　址	北京市海淀区西三环中路10号望海楼E座7层
邮　　编	100142
印　　刷	三河市金泰源印务有限公司
版　　次	2021年3月第1版
印　　次	2021年3月第1次印刷
开　　本	710毫米×1000毫米　1/16
印　　张	16.5
字　　数	190千字
书　　号	ISBN 978-7-5139-2869-4
定　　价	45.00元

注：如有印、装质量问题，请与出版社联系。

序

活着就是为了颠覆

穿着一双普通的皮鞋和一套平价的西装、一脸憨厚模样的李书福,曾经被人们称为"汽车疯子与狂人"。因为人们不相信一个"喜欢做牛"的农民会懂得什么叫机器,一个半路出家的老板会懂得什么是"核心技术",一位搞自主品牌的民营企业家知道什么叫作"国际化"……

本书分别从实干哲学、研究哲学、目标哲学、发展哲学、梦想哲学、心态哲学、经验哲学、创新哲学、收购哲学、竞合哲学、颠覆哲学、品牌哲学、人才哲学、团队哲学、管理哲学这些方面,综合解读了改革先锋、吉利集团董事长李书福创办吉利集团的发展路径,它是新时代年轻人自我成长、开展创新创业最值得学习与借鉴的鲜活样本。

1986年,23岁的李书福创办了浙江吉利控股集团,先后在冰箱、装潢材料、摩托车等产业获得成功。1997年,李书福开始进入汽车领域,20多年来,李书福通过自主创新、本地化合作与国际化收购,让吉利汽车市值突破1000亿港元。

李书福创业成功最重要的两点是:一是敢为天下先。如在还没有获得汽车生产权时,他就提前筹备、拆车研究,还有在收购瑞典沃尔沃期间,他也是提前筹备团队,开展跨国沟通与谈判。二是认准了就不放弃。如李书福认准了经济车市场可行，于是就从低端开始切入，在低端市场里占据了50%以上的份额，然后再往中高端发展。还有，他认准了新能源车市场可行，于是就"撸起袖子加油干"，力争到2020年时90%以上的吉利汽车都是新能源汽车。

回顾李书福20多年的创业历程，他主要做到了以下三件事：

第一，颠覆一种人生：造老百姓买得起的好车。

在李书福刚进入汽车市场的时候，当时国内汽车都比较贵，最便宜的夏利、奥拓都要10多万元，而桑塔纳将近20万元，几乎没有5万元以下的汽车，这就是一个市场空当。

于是，李书福决定放弃"奔驰+红旗=高端车"的造车路线，转而改为制造小型便宜车路线。李书福研发出来的优利欧、吉利美日、吉利金刚等汽车主打3万元到5万元的区位市场，经过20多年的奋战，终于在低端市场里占据了50%以上的份额。

随着中国消费的升级，李书福开始从制造经济车转为打造精品车，先后推出吉利博越、吉利帝豪GS等精品车。在成功制造中档精品车之后，李书福又开始给老百姓们造高档豪华车。

李书福通过多轮收购和并购，形成了稳固的品牌矩阵，包括吉利、领克、沃尔沃、伦敦出租车、宝腾和路特斯（莲花）六大汽车品牌，覆盖了中低端品牌、豪华品牌、超豪华品牌的完整产品谱系。

第二，颠覆一个产业：颠覆世界的"神车"。

乔布斯颠覆世界的方式，就是创新推出多款高科技产品。李书福也要在汽车产业玩颠覆，他要造未来颠覆世界的"神车"："它能自己驾驶，自己维修，自己加油，自己充电；它可以成为我们的秘书和保安；它可以非常智能化，不会给人带来麻烦，不会伤害人，也不会污染环境……这是我心目中的汽车。"

颠覆汽车产业，需要超强的创新能力。李书福带领的吉利人先后完成了多项技术突破，包括自主研发CVVT发动机、JL-Z系列自动变速箱、爆胎监测与安全控制系统、吉利模块化架构BMA等，未来李书福还想研发续航能力超过美国特斯拉的新能源车，在全国低空空域管理全面放开之前量产飞行汽车。

从传统能源到新能源、从机械到智能互联、从旧造车到新造车、从制造商到服务商、从现在到未来，李书福不断投入大量的"人才、资本、技术"，不断进行颠覆，使汽车越来越人性化、智能化、定制化、新能源化、自动驾驶化……

第三，实现一个梦想：让吉利汽车走遍全世界。

对于吉利汽车的发展目标，李书福直言不讳地说："通过技术进步、品质提高和服务优秀来吸引消费者，同时具有价格竞争力。我们的目标是要让吉利汽车走遍全世界，而不是让全世界的汽车走进全中国。"

要实现这个目标，得分两步走：第一步，在国内打败日系车、韩系车；第二步，进军海外市场。

在国内市场，2018年上半年吉利汽车国内销量累计超过75万辆，不仅超过了日产的72万辆，更高于丰田的68万辆和本田的60万辆。李书福凭借着拥有核心技术、产品快速迭代和多品牌策略"以一敌三"，"连续挑落"日产、丰田、本田三大日系车品牌。

在海外战场，2018年吉利汽车海外出口超过4万辆，主攻乌克兰、沙特阿拉伯、俄罗斯以及非洲等国家和地区。同时，李书福与沃尔沃合资的领克汽车品牌，也在加紧进军欧美市场。

经营企业多年，李书福深知要让吉利汽车走遍全世界，归根到底还得靠员工，员工才是企业创新创造、可持续发展的原动力。因此，李书福一方面稳定高团队，给职业经理人以"高薪＋期权＋培养计划"。另一方面，他十分注重提高一线员工的福利、薪酬、社会地位和政治地位，让一线员工获得更多成长机会。

李书福说："现在的汽车工业格局将被完全颠覆，未来全球汽车企业将只有四五家大企业。希望其中有一家中国企业。"这家中国企业必须有远大的目标、超强的研发能力、全球化的生产能力和国际化的品牌影响力。眼下吉利汽车正朝着这样的方向发展。

全书将李书福个人成长故事、企业发展、经营哲学和管理理念有机融合起来，夹叙夹议，纵横对比其他商界风云人物的经营之道，突出产业报国、创业创新的时代精神。本书故事性、文学性、财经知识兼具，并结合李书福的经营哲学精心制作年轻人的成长图谱，让渴望成功、追逐梦想的年轻人收获满满，励志前行。

年轻人，来吧，学习李书福的成长哲学，全面激励自己、燃爆自己，今天就"驱车而去"，让梦想突破"零公里"，让未来获得超强"续航能力"！

目录

第1章 实干哲学：少谈点金钱，多谈点精神

1. 靠一台手提照相机开启创业生涯 …………………………………… 2
2. 研究制造电冰箱，从配件到整机 …………………………………… 5
3. 研究生产国产装潢材料取代进口 …………………………………… 8
4. 第一个研究生产摩托车的民营企业 ………………………………… 11
5. 制造汽车：不低头不认输，擦干泪接着做 ………………………… 14

第2章 研究哲学：工匠精神就是耐得住寂寞、潜心搞研究

1. 拆车研究：汽车就是四个轮子＋两个沙发 ………………………… 20
2. 组装人生中第一辆车——吉利一号 ………………………………… 23
3. 第一辆吉利汽车豪情下线 …………………………………………… 26
4. 不要国家承担风险，请给我们一次失败的机会 …………………… 29
5. 下线第一辆国产跑车——吉利美人豹 ……………………………… 33

第3章 目标哲学：制定具体的规划和目标，并有切合实际的完成步骤

1. 发展三部曲：产销量从30万辆、100万辆到200万辆 …………… 38
2. 吉利汽车在香港借壳上市 …………………………………………… 42
3. 打破高价门槛：5万元、每百公里5升油耗、坐5个人 …………… 45
4. 首次入围《财富》500强 …………………………………………… 48
5. 做受人尊敬的全球化企业 …………………………………………… 51

第4章　发展哲学：发展就是创新创业，大胆实践，不断转型升级

1. 先办技校培养产业工人，再培养工程师、设计师 ············· 56
2. 从低端走向高端，从价格优势走向技术领先 ··················· 59
3. 精品车战略：以市场为导向，以用户为中心 ··················· 63
4. 由传统研发生产模式向生态圈竞争转变 ························ 66
5. 为生态文明建设、汽车产业可持续发展贡献力量 ············· 69

第5章　梦想哲学：让中国汽车跑遍全世界

1. 我的梦想就是为老百姓造买得起的好车 ························ 74
2. 汽车公司：至少要有几万人，产量至少100万辆 ············· 77
3. 先从低端切入，在低端市场里占据50%以上的份额 ········· 81
4. 汽车狂人和疯子：我最大的特点就是真实 ····················· 84
5. 汽车王国不是梦：让中国汽车跑遍全世界 ····················· 87

第6章　心态哲学：志存高远，脚踏实地，有耐心并且付出行动

1. 我是从农村来的，你说我怕什么？ ······························ 92
2. 本来就没那么大本事，难道还要骗人家？ ····················· 95
3. 造汽车，揭一些车企垄断车市价格虚高的短 ·················· 98
4. 人生没有标准的答案 ·· 101
5. 我很愿意做牛，因为牛很诚实，不忽悠 ······················· 104

第7章　经验哲学：必须要有信心，必须要有操作其他产业的经验

1. 懂技术：必须要对汽车很有研究 ································ 110
2. 吃政策：必须了解改革开放以来的一系列方针政策 ········· 113
3. 参与感：必须亲自参与从无到有、从小到大的企业发展全过程 ··· 116
4. 先成事：创业成功的关键，就是要不顾一切先把事做成 ···· 119
5. 利民众：为了大多数人的利益，就让一小部分人来指责吧 ··· 121

第8章　创新哲学：创新就是洞察市场需求，将各种资源重新配置和组合

1. CVVT发动机JL4G18：世界先进、中国领先 …………………… 126
2. 形成核心竞争力、可持续发展，不是一件容易的事 ………… 129
3. 中国的自主创新要有自己的尊严，要有人格 ………………… 132
4. 首创主动安全技术——爆胎监测与安全控制系统 …………… 135
5. 有一种车子全世界是没有的，我要造出来 …………………… 138

第9章　收购哲学：我是开放的全球主义者，不是狭隘的民族主义者

1. 收购瑞典沃尔沃汽车：获得更好的安全技术 ………………… 144
2. 收购伦敦出租车公司：并购的本质是合作 …………………… 148
3. 收购马来西亚宝腾、英国路特斯：布局全球的重要通道 …… 151
4. 收购美国飞行汽车公司：规划发展飞行汽车 ………………… 153
5. 参股德国戴姆勒：看好智能化、无人驾驶等优势 …………… 155

第10章　竞合哲学：通过协同与分享来占领技术制高点

1. 市场竞争，让强者生存、弱者淘汰 …………………………… 160
2. 国际并购与合作，都是为了提高综合竞争能力 ……………… 163
3. 开放合作、包容发展是汽车工业可持续发展的基础 ………… 166
4. 民营汽车企业已经登上了世界舞台的中央 …………………… 169
5. 未来只有四五家车企能够在激烈竞争中存活下来 …………… 172

第11章　颠覆哲学：现在的汽车工业格局将被完全颠覆

1. 从传统能源到新能源：90%以上都是新能源汽车……………… 176
2. 从机械到智能互联：车联网、人工智能和自动驾驶 ………… 179
3. 从旧造车到新造车：必须一次性成功，不能有任何闪失 …… 182
4. 从制造商到服务商：投资曹操出行 …………………………… 185
5. 从现在到未来：人性化、智能化、定制化、新能源化 ……… 188

第12章 品牌哲学：要使我们中国品牌真正受人尊重

1. 为消费者提供物美价廉的产品和服务 …………………… 192
2. 让用户买到高技术、高品质、高附加值的中国品牌汽车 …… 195
3. 自主品牌的品质比韩系车绰绰有余，也能追上日系车 …… 198
4. 吉利汽车进入全球汽车企业前十强 …………………… 201
5. 未来中国制造品牌将超越国外品牌 …………………… 204

第13章 人才哲学：必须解决国际化人才、市场化人才欠缺的问题

1. 留住人才，培养人才，引进人才，清理人才 …………… 208
2. 要从根本上解决汽车工业的发展，必须要自己培养人才 …… 212
3. "人才森林"：引进外部"人才大树"，内部培养"人才小树" … 215
4. 建设一支制定战略、高效执行、能打胜仗的队伍 ………… 217
5. 汽车行业是一个人才、资本、技术都高度密集的行业 …… 220

第14章 团队哲学：我能把吉利做起来，关键是天时地利人和

1. 汽车基地以全球竞争力的标准建工厂、开发车型 ………… 224
2. 汽车是个群体运动，要几万个员工通力协作 …………… 227
3. 沟通合作是中国汽车业凝聚力和战斗力的根本保证 ……… 230
4. 组织架构调整，领导干部离岗再聘 …………………… 233
5. 集团旗下的各企业依然是相对独立、协同发展 ………… 236

第15章 管理哲学：企业需要规范、有序的管理，才能生存与发展

1. 内部管理：没有危机感那才是最大的危机 ……………… 240
2. 李氏兄弟再次合抱汽车梦 ……………………………… 243
3. 培养接班人，接管千亿市值的吉利汽车 ………………… 245
4. 职业经理人：高薪＋期权＋培养 ……………………… 247
5. 员工管理：提高一线员工待遇 ………………………… 250

第 1 章

实干哲学：少谈点金钱，多谈点精神

> 干什么事都要清楚为什么要干，还要有神圣感和使命感，最重要的是要务实。
>
> ——李书福

1. 靠一台手提照相机开启创业生涯

1972年的一个夏日,浙江台州,海风拂动、稻浪滚滚,舒展出一幅江南水乡田园牧歌的画卷。此时,热情高涨的生产队队员们分立在金黄色的稻田中,挥舞着白花花的镰刀收割一茬茬丰收的喜悦。在不远处的一段河湾,地势平坦、水草丰茂,正是放牛的好地方。

放牛娃的日子

只见一个八九岁的放牛娃,拉着一头水牛,走走歇歇,哪里有草哪里走。这个孩子外形憨厚朴实,给人一种大智若愚的感觉。不过,由于营养不良,他个子相对同龄人来说要矮一些,要想登上高高的牛背似乎是不可能的。

不过,他经过观察,终于发现了登上牛背的捷径。只见他把牛牵到茂盛的草地,让牛低头嚼食,无暇他顾。这时他站在牛的左边静待时机,当牛弯起左大腿向前迈步的瞬间,他一手抓住牛脖子,一脚飞踩上牛的左大腿关节,借助牛抬脚的力量抬高自己,然后猛地向右侧翻身,最终坐上了牛背!

牛似乎对这个放牛娃很满意,因为白天放牛娃为它找最鲜嫩的青草,晚上放牛娃还在牛棚边点燃烟火为它驱赶蚊子,让它好好休息。

这个善于观察、借势借力的放牛娃就是少年时代的李书福。

李书福1963年生于浙江省台州市,他读小学时是生产队里的放牛娃。生产队给放牛娃的工钱是每天0.15元,有些小孩嫌钱少活累不愿意干,可李书福却欣然前往。他盘算着每天0.15元,一个暑假约60天,就能赚到9元人民币,这对于李书福来说已经是一大笔钱了。(据估算,9元人民币在20世纪70年代可以买450斤蔬菜或者4.5~6.3斤猪肉)

由于李书福认真放牛且赚不少钱,父亲为了奖励他,决定继续供他上学,当时学费不花钱，但书费要花一些钱。父亲希望李书福将来能成为一个有文化的人，可以领国家的工资，可以彻底离开农村。不过，仿佛冥冥中自有安排，李书福中学还没有毕业时发生了一件大事，彻底改变了他的人生轨迹。

照相馆的生意

1978年，李书福上初中一年级，这一年十一届三中全会召开，中国开启了传统计划经济走向社会主义市场经济的历程。一时间，改革开放的春风吹绿神州大地，万象更新，百废俱兴。仿佛一夜之间各种禁锢经济发展的枷锁被打碎了，农村的土地可以承包经营了，农民可以搞乡镇企业、搞个体私营经济了。

这时的李书福开始研究一系列的文件、方针、政策，不过，要想更好地谋划经商的事情，得先快速解决读书的问题。经过一番努力，李书福用了两年时间完成初中三年的学业，最后以优异的成绩考上了路桥中学尖子班，终于能够好好规划参与市场经济活动的各种梦想了。

随着改革开放的深入发展，有不少小商小贩摇身一变，成了万元户。在市场经济的刺激下，李书福早已身在学校，心在市场。

"借我几百元，我要出去创业。"有一天，高中还没有毕业的李书福突然向父亲借钱。

"你要做什么？"父亲反问。

"买一台手提照相机，给人家照相赚钱。"李书福说出自己的打算。

最终，父亲苦劝无功，只能顺其自然。

几天后，李书福骑着自行车，带上买来的手提照相机，开始在台州走街串巷，做起了给人照相的生意。

李书福见人就问："要不要照相？如果拍得好就付钱，如果拍不好大家可以不给钱。"

由于李书福服务热情，照相质量也不错，所以生意还不错。一年后，李书福靠照相赚了1000元，于是他趁热打铁，开了个照相馆。

创业之初，由于资金有限，李书福一个人做完所有事情，并自行发明了相关配套设备，如座机、灯光、道具等。20世纪80年代，台州的汽车还很少，简直是凤毛麟角，许多年轻人很喜欢与小轿车照相，以作炫耀资本。李书福洞察到用户的这种心理需求后，就找人画了一辆巨型轿车，放在自己的照相馆里供人摆拍，结果他的生意越来越好。又一年过去了，李书福赚到了1万元，成了名副其实的万元户。

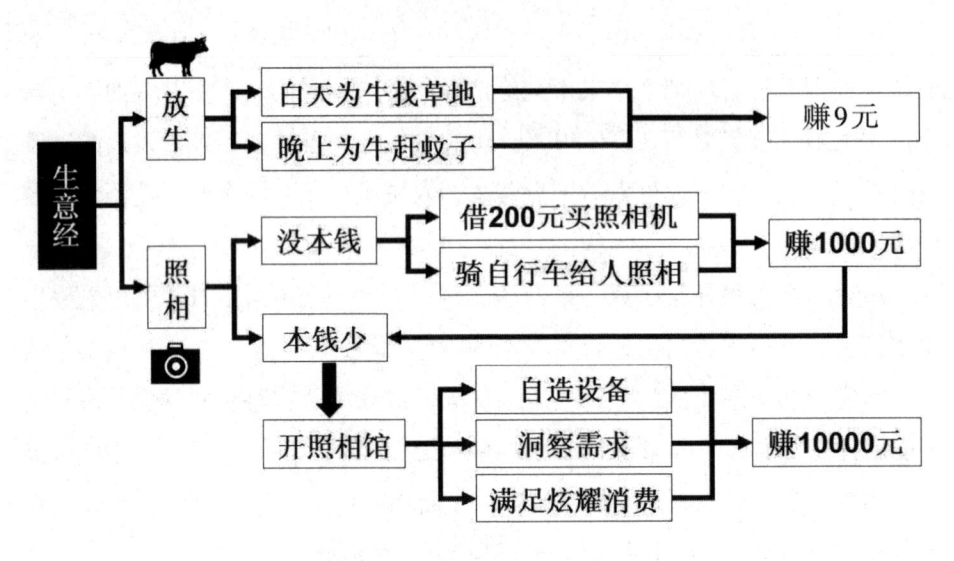

图1 少年李书福的生意经

敢想敢做＝实干，一切皆有可能；敢想不敢做＝空想，一切皆为泡影。昔日烟王褚时健70多岁了，本该安度余生，可他却重新创业，承包荒山栽种冰糖橙，造就了"励志橙"的佳话。王健林敢想敢干，从房地产转型做影院，几经折腾终成正果。在好政策的前提下，李书福敢想敢做，在创业实践中洞察用户需求并提供相应服务，最终"少年得志"。李书福说："我觉得创业一定要建立在一个基本的实践基础之上，不能凭空地想象。这一定是有依据的创业，才能够使创业成功，才能够不断发展。"

2. 研究制造电冰箱，从配件到整机

在一个静谧的深夜，冷月无声，月华之下的照相馆孤灯独照、影影绰绰。此时的李书福目不转睛地盯着废照相定影液出神。只见废照相定影液中插着两样东西，一头是接在直流电源正极的石墨棒作阳极，一头是接在直流电源负极的银条作阴极。

超凡的化学师

当废照相定影液通入1伏特电压后，神奇的事情发生了。废定影液中（硫代硫酸银）的银离子（阳离子）被电解出来，纷纷向阴极移动、向银条表面堆积。阴极上的银条由小变大，颜色纯白。这就是李书福研发的"新财路"——从废照相定影液中电解出纯度较高的银子。

"成功了！"李书福喜出望外。李书福从"照相小哥"摇身变成了超凡的"化学师"，他利用高中所学的化学知识，再参考其他专家的研究成果，利用电解法（直流电进行氧化还原反应）的原理成功从废照相定影液中分离出高纯度的银，不久后他还研究出从废旧电器零件中分离出贵金属金、银、铜的方法。

1克银子的价值要比照一张相片的收入高得多。于是，李书福果断关掉照相馆，把照相馆赚到的1万元投入到"循环经济"中，他把自己家的大房子打造成一个提炼贵金属的作坊。要知道，那个年代照相行业属于特种行业，开馆营业必须经公安局批准。由于李书福没有特种营业执照，多次受到相关部门的教育与处罚，李书福心力交瘁，早已谋求转型。

现在李书福研发出了一条赚钱的新路子，他决定孤注一掷。他几乎买光了台州所有照相馆的废照相定影液，然后提炼成银子，拿到杭州去卖。李书福年纪轻轻就能赚大钱，让很多人羡慕嫉妒恨，于是绞尽脑汁想偷学他的赚

钱方法，并野蛮地展开同业竞争。

　　李书福回忆说："这完全是变废为宝的技术，可谓循环经济，效益确实不错。后来，我的这些技术被其他人学会了，因而出现了激烈的供应链竞争，废旧零部件成本也越来越高，我又进入了新一轮的艰难转型。"

草根厂长

　　1984年的一天，李书福来到某个鞋厂订制皮鞋，没想到居然没人搭理他，而工人们正在挥汗如雨、马不停蹄地操作注塑机制作冰箱的塑料零件。

　　李书福的脑中顿时灵光一现：如果我能生产这些冰箱配件，我也可以开厂。说干就干，李书福回家后买来塑料原材料，请注塑机师傅"做代工"，按照标准生产产品，然后再包装起来，骑着自行车到冰箱厂里做推销，没想到居然能接到不少订单。

　　1984年，李书福成立了浙江台州石曲冰箱配件厂，自己出任厂长。没有厂房，李书福就租用街道的职工宿舍进行产品试制。

　　在小小的职工宿舍里，李书福终日与电光石火为伍，从理论到实践反复测试各种零部件。寒来暑往，精进研发，400多个日夜的反复失败与总结，李书福的手掌被磨粗磨破，经常是旧伤口未愈又添新伤口。当他用血汗浇灌的研究样品终于成功时，却接到了街道要收回职工宿舍的消息。

　　李书福四处找厂房，在同学家长的帮助下，找到了路桥中学校办工厂，并以校办工厂名义生产、销售产品。可开工不到几天，李书福就遭遇学校老师们的集体炮轰。"校办工厂太吵了！"老师们要求李书福立刻搬走。

　　李书福心急火燎地找到一间废弃水厂做厂房。由于没有电，李书福就接村里的电用于生产。结果有人举报他私自接电，"把民用电作商用"，电力公司要求立案审查。

　　就在李书福万念俱灰的时候，乡工业办公室主任为发展乡镇企业，主动找到了李书福，决定让他们租用一个村庄生产队的仓库，"要电有电，要厂房有厂房"。

　　在那个年代搬厂是件麻烦事，李书福将设备化整为零后，全靠人力车，迎着狂风暴雨或炎炎烈日搬运了几十公里。

1985年，李书福成立了黄岩县石曲电冰箱配件厂，生产的电冰箱零配件蒸发器、冷凝器、过滤器，销往全国几乎所有的电冰箱厂。1986年，李书福决定从生产配件升级到做整机，并组建了浙江台州北极花电冰箱厂，生产北极花电冰箱、电冰柜等。一时间产销两旺，企业蒸蒸日上。发展到1989年，北极花电冰箱销售额已达4000多万元，李书福成为了当地有名的千万富翁，苦尽甘来。

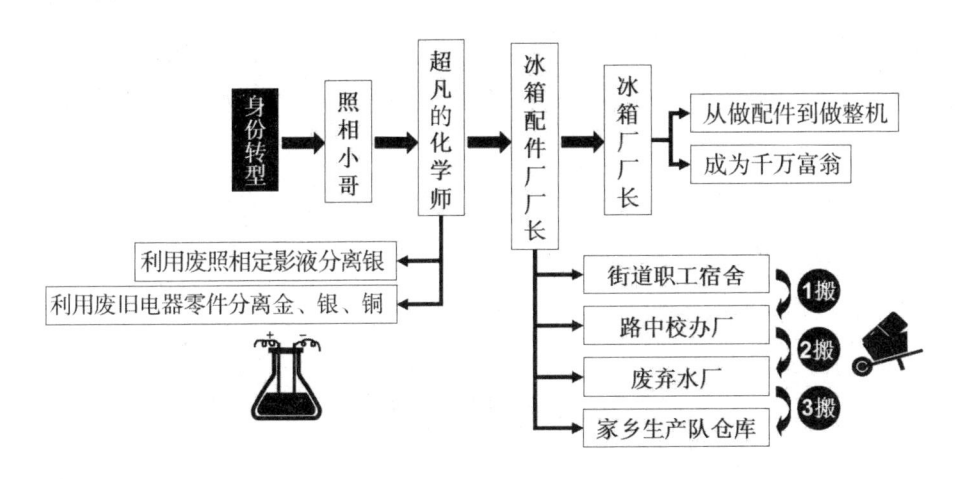

图2 李书福的身份转型

每一次转型升级都要付出高昂的代价，所有成功的背后都是血与泪的交响曲。当年的李书福仅有高中文化水平，但是他善于观察，精于研究，他利用高中学到的化学知识变废为宝，充满正能量，可谓"君子爱财，取之有道"。从"循环经济"转型搞"中国制造"之后，李书福遭遇了租厂房大考验。当年张瑞敏抢锥砸向问题冰箱，可以说是"中国制造"的质量宣言，而"草根厂长"李书福靠着人力车连搬三次厂都要坚持搞"中国制造"，可以说是"中国制造"的"骨灰级痴迷玩家"。从街道的职工宿舍搬到路桥中学校办厂，再搬到水厂，再搬回家乡生产队仓库，短短两年间，李书福搬了三次厂，没有超强毅力是很难坚持下来的。或许只有熬过苦难的人，才会知道什么是苦难财富。

3. 研究生产国产装潢材料取代进口

1989年的一天，活力深圳让人激情澎湃，珠江入海，碧波万顷，伶仃洋上，白鸥点点，城市基建如火如荼，各种经济指标正以深圳速度刷新纪录。深圳是中国改革开放后设立的第一个经济特区，曾诞生出"时间就是金钱，效率就是生命"的时代格言。

李书福这位有心人决定南下深圳取经，这里是改革开放总设计师邓小平"画一个圈"的地方，是一片发展经济的热土。李书福要在这里上大学，学习经济管理，寻找新的转型机会，因为他的电冰箱厂已经走到了尽头……

上大学的意外发现

1989年，李书福创办的北极花电冰箱厂狂飙突进，这时，国家出台了一个新政策，对电冰箱实行定点生产，将大型国有企业列入定点生产企业名单。李书福的北极花电冰箱厂属于小规模的地方乡镇企业，自然没有被列入定点生产企业名单。

郁闷的李书福来到深圳某大学进修，正好碰上工人们装修学生宿舍。其他同学都各个离开去别处潇洒了，唯有李书福站立一旁认真观察工人们施工。只见那些工人非常麻利地把进口铝塑板的包装膜撕开，接着量好室内空间尺寸，不断地切割、裁切、开槽、钻孔、加工、铆接，像一阵风一样很快把宿舍的墙面铺满、铺稳，原来灰溜溜的墙面，马上变得"高大上"起来。这就是传说中的追求时间与效率的深圳速度。

看完之后，李书福心里萌生出第四次创业的想法，他打算研究制造这种铝塑板装潢材料。随后，李书福一边进修学习，一边谋划重新创业。通过在深圳、上海、哈尔滨三地的大学进修学习，李书福已能说一口较流利的英语，对于进口铝塑板的研究更加容易了。

通过研究，李书福发现进口铝塑板是一种新型装饰材料，上下层为高纯度铝合金板，中间为无毒低密度聚乙烯（PE）芯板，正面粘贴有保护膜。这种材料加工方便、成型快，能缩短工期、降低成本。

深圳是改革开放的前沿阵地，也是消费风向标。1980年，国家明确地提出了住房制度改革的总体思路。随着人民生活水平的提高，越来越多的人买了商品房，很多人采用进口装潢材料进行装修，而国产装潢材料正处于起步阶段，质量并不尽如人意。

自主研发装潢材料取代进口

1989年，李书福结束进修学习后，信心高涨地回到浙江台州，他联合兄弟们以退为进先关掉北极花电冰箱厂，再创办了浙江台州吉利装潢材料厂，并出任厂长。李书福的发展目标就是自主研发制造国产装潢材料，以取代进口装潢材料。当时，兄弟们对李书福相当信任，因为他的每次转型都能获得巨大的成功。

李书福按照自己以往的创业习惯，先产品后市场，就是自己先搞研究、做好产品，再进行市场销售。他自己设计发明了一系列的制造设备，生产镁铝曲板、铝板幕墙等装潢材料，先在当地试销。结果，李书福研究生产的装潢材料物美价廉，完全可以取代进口，很受市场欢迎，来自建材公司、地产公司、装修公司的订单络绎不绝。

小试牛刀之后，李书福迅速扩大生产线，大规模生产镁铝曲板、铝板幕墙等装潢材料，产品不但能满足国内市场需求，而且还出口到了几十个国家和地区。为了扩大厂房，李书富还把送给乡政府的厂房、土地以市场价格一点一点地买了回来。

1992年，浙江台州吉利装潢材料厂已经发展成为全国第一家铝塑板生产厂商。可以说，李书福创办北极花电冰箱厂挖到了第一桶金，而创办浙江台州吉利装潢材料厂，则是打造了"稳定的提款机"。生产与销售装潢材料给李书福带来了巨大的成功，直到现在，这份产业每年还有上亿元的利润。

然而，在市场经济条件下，竞争无时不在、无处不在，总有一些"假想敌"与复制者来搅局。不久，国产装潢材料相互克隆，大同小异的产品充斥市场。

李书福说："后来，我们的这些自主创新成果又被其他人学走了，虽然我们有专利，有所谓的知识产权，但被别人拷贝，也许是那个年代的命运安排，当然今天的法制环境已经有了很大的进步。为此，我又放弃了这个产业，开始研究摩托车。"

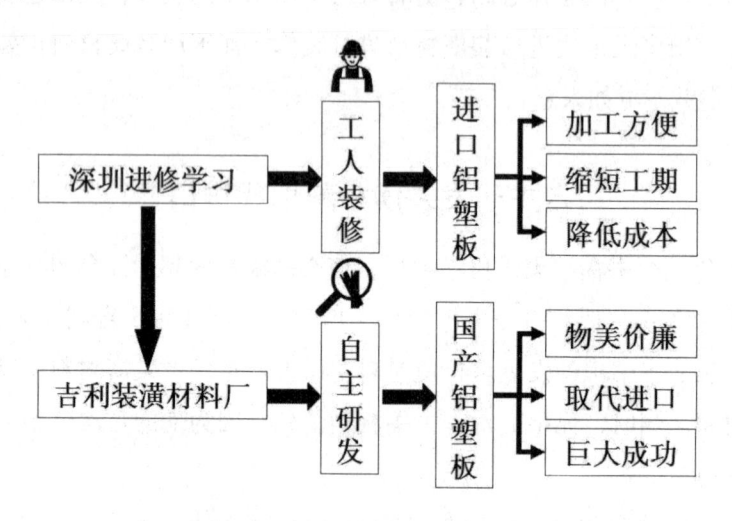

图3　自主研发装潢材料取代进口

"上天关上了一扇门，必然会为你打开另一扇窗"，当李书福的北极花电冰箱厂盛极而衰时，他却发现了装潢材料的大市场。他关了北极花电冰箱厂，开了吉利装潢材料厂，"那个年代的命运安排"让李书福再次成功转型。有舍必有得，如果说经营冰箱厂只是千万元的生意，那么经营吉利装潢材料厂就是亿万元的生意了。企业家研发国产货取代进口货，更能显示出"中国制造"的自信与尊严。例如，著名企业家鲁冠球带着几名农民，研发出"神奇十字架"——万向节，不仅满足国内汽车厂商的需求，还将产品销售到欧美地区。近几年来，任正非组织研发的华为手机也有加速取代苹果手机的迹象，华为手机比苹果手机更加便宜、功能和软件更多，推出的5G手机，也让苹果手机猝不及防。

4. 第一个研究生产摩托车的民营企业

1992年的海南，天涯海角不再平静，高卷而起的惊涛骇浪，狠狠地撞击岸边的礁石，发出振聋发聩的炸响，在蓝天碧海间化作无数莹白的珍珠，又像天女散花般坠回大海，化作无数晶莹的泡沫。不远处的海滩上，地产泡沫吹弹即破，几百栋烂尾楼，一栋接着一栋排列着，就像复活节岛上的石像一样，沉默地望着无边无际的大海……

我只能做实业

烂尾楼们等来的不是复活，而是鸟声、风声与涛声。1988年，海南建省，成立海南经济特区，成为中国最大的省级经济特区，无数人携带大量资金奔赴海南，搞房地产、炒地皮。受到经济大潮的影响，做建材的李书福闻风而动，带着几千万元来到海南买地皮，准备大干一场。

当时，海南房地产公司激增至2万多家，在3万多平方公里的海岛上扎堆炒地皮、卖楼花。有些人拿到手的土地根本不用开发，坐等半年后找接盘侠转手就能赚到100%的利润。当时出让的2800多公顷土地，实际在建和竣工的不到20%，剩下的80%都在闲置、囤积和炒卖。

对于这些"只炒不建"的违规行为，国家果断出重手整顿，地产泡沫集体破灭，大量房地产企业倒闭，留下无数栋烂尾楼。政策一出来，还没等李书福反应过来，他在海南投资的几千万元就全赔了，他那几千万投资款先变成地皮，再变成烂尾楼，唯独没有变成竣工的地产项目，更不用说通过租售收回成本了。

李书福心有余悸地总结道："海南地产热那一段，几千万元全赔了，人差点回不来。我只能做实业。"

研究生产摩托车

李书福所谓的做实业，就是继续研发"中国制造"。

1992年，不甘失败的李书福参加了一场百家企业交流活动，想看看人家是怎么做的。主讲人正是台州市工商联主席池幼章老师。那天，经营吉利装潢材料厂的李书福参观了浙江钱江摩托公司。

"配件是从哪里来的？"李书福一旦看到新的产业希望，就看得比别人多，问得比别人细，"你们研发发动机吗？"

交流活动结束后，池幼章问李书福："你问这么多干吗？"

李书福自信爆棚地说："我要一周内造出自己的摩托车来！"

池幼章感到很吃惊：就参观摩托公司一次，多看多问几回，一周就能造出摩托车了？

过了一周，池幼章差不多把这个事忘记了。没想到，他办公室的门突然被推开了，进来的正是李书福。

李书福喜出望外地说："池老师，摩托车我造出来了。"

"啊？你这么快？"池幼章瞪大眼睛，再次认真审视眼前这个聪明人。

原来，在参观完摩托公司之后，李书福买来了摩托车的所有配件，终日琢磨，研究怎么进行组合创新。经过无数次的反复组装，终于组装完成了。

眼下李书福有了产品，但还没有摩托车"准生证"，怎么办？

1993年，李书福吸取了北极花电冰箱厂的教训，决定一劳永逸地收购国有摩托车厂。这样做可谓一举两得，一有国资背景，二有相关牌照资质。经过一番考察，李书福动用数千万元资金，收购了浙江临海一家有生产权的国有邮政摩托车厂，并自主成功研制出四冲程踏板式发动机。

1994年，李书福创办摩托车厂，3个月开发出50系列等样车，7个月生产摩托车6万余辆。为了规避同业竞争，李书福以和为贵，主动与摩托车行业老大嘉陵合作生产嘉吉牌摩托车。1998年，嘉吉牌摩托车产量高达65万台，产值高达30亿元。嘉吉牌摩托车不仅畅销国内市场，还出口到了美国、意大利等30多个国家和地区。

李书福说："吉利是全中国第一个研究生产摩托车的民营企业，后来很多人发现，吉利公司的摩托车供不应求，企业搞得红红火火，自然又有许多企业跟着学，几年间，全国几十家摩托车公司，如雨后春笋遍地开花。但是有些企业缺乏合规意识，市场出现了无序竞争，甚至出现了偷税漏税的不正当竞争，我又退出了这一领域。"

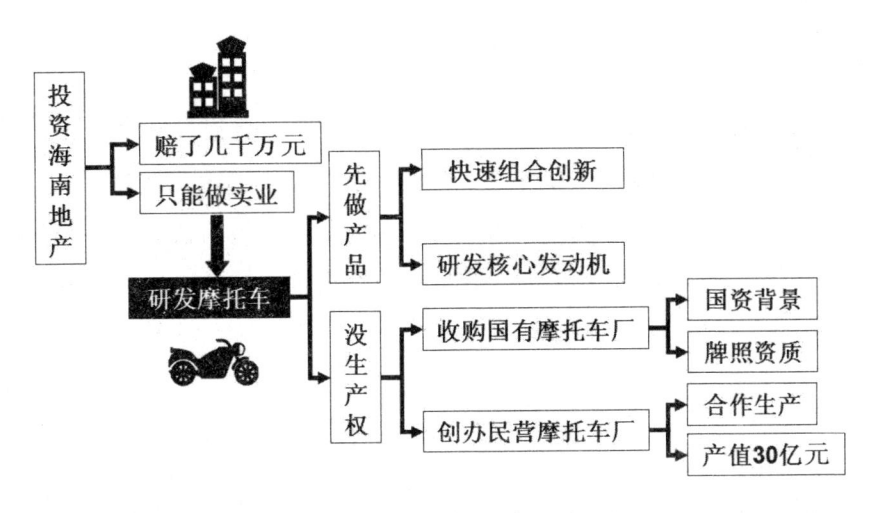

图4 李书福研发摩托车

从搞地产回到做实业，李书福的真心回归，让他在新的产业上获得了巨大成功。可见，在中国做地产投资并不是最好的选择，企业家做实业所获得的回报要比投资地产靠谱得多。当年史玉柱从脑黄金的营业收入中抽血1亿元建巨人大厦，要打造"中国第一高楼"，没想到搞地产是只吞金巨兽，最终资金链断裂，巨人大厦最终没有建成。后来，史玉柱转型进军网络游戏，才实现绝境重生。本田宗一郎是本田摩托车和本田汽车的创始人，也是日本"经营四圣"之一，他与"经营四圣"中的另外三位——稻盛和夫（京瓷创始人）、松下幸之助（松下创始人）、盛田昭夫（索尼创始人）的经营哲学就是强调人性与爱。当时，本田宗一郎在战争的废墟中搜寻发动机，并进行研究、改良，综合了国内外产品的众多优点，终于造出了生产体积小、能耗少、功率大、速度快的本田摩托车。无独有偶，李书福对当时的摩托车配件进行组合创新，再研发出核心发动机部件，物美价廉的产品让他获得了巨大成功。

5. 制造汽车：不低头不认输，擦干泪接着做

1993年的一天，夜月高悬，悠长的104国道像一条巨龙蜿蜒盘旋在崇山峻岭之间。一辆波兰轿车打着前照灯呼啸而来，驾车者正是李书福。

由于我国汽车工业起步晚，我国曾经通过易货贸易的形式引进了一批波兰华沙轿车作为公务用车。在那个年代，像李书福这样的成功人士能开一辆波兰轿车，足以证明他亿万富翁的身份。

波兰车"出事了"

那个时候，李书福打算研发煤气灶，于是就驾驶波兰轿车从台州把煤气灶送到上海去，要给相关专家进行质量检验。当时，从台州到上海没有高速公路，只能走104国道，需要翻山越岭，日夜兼程。这种波兰轿车是三厢结构的轿车，从台州到上海跑国道也需要10多个钟头。

当晚，李书福提起十二分精神谨慎驾驶，可是天太黑了，部分路段又是坡陡弯急，他一不小心把车开到路边，刹车制动不及，"轰"的一声撞到大树上，波兰轿车的车头严重变形，挡风玻璃更是当场粉碎。李书福被各种尖锐物划伤，头破血流，更糟的是，夜间出车祸，前不见来车，后不见灯光。没办法，李书福只能忍痛挨到第二天。

"快停车！"

第二天一早，李书福就在路上拦车。可很多客车像躲瘟神一样躲开，因为李书福身上都是血迹，伤口还没有处理，乍一看很恐怖。

李书福毫不气馁，继续拦车求救，最后终于有一辆客车停下来。

"去哪里？"司机问。

"去上海。"李书福像抓住救命稻草一样，冲了上去。

车里的人见李书福血迹斑斑，吓得魂飞魄散，原本拥挤的车厢马上让出一条道来。李书福坐着客车来到了上海，这才得以到附近的医院医治，幸好没有大碍。"进口波兰车太不安全了"，此后，李书福发誓要开上中国制造的汽车。他说："那个时候我就觉得中国人应该有自己的汽车工业，因为当时我开的是一辆波兰车，感觉太危险了。"

工程师借故跑掉

1993年，在波兰车出事了不久后，制造摩托车的李书福居然做出一个惊人的决定——改造汽车。消息传出，公司员工大为不解，外界更是一片哗然。

李书福开始跑有关部门，希望获得汽车生产许可证，可是当时国家重点扶植国有企业和合资企业，民营企业很难获得牌照。因此，李书福得到最多的答复就是"不可能""国家不同意""去北京也没用""工厂不能建""生产汽车也不能上牌"等。

李书福知道申领牌照是个未知数，但是不能空等呀，只能自己先购买汽车零配件，像组装摩托车一样组装汽车。李书福说："我们企业造轿车，媒体不信，银行不信，行业不认可，就连汽车零部件厂商都不愿意卖给我们零部件。"

有一次，李书福到上海一家汽车零配件厂洽谈采购事宜，有一位总工程师勉强接待了他们。

总工程师没有好气地问："你要零配件生产什么样的轿车？"

"生产中高档轿车吧！"李书福憨厚一笑。

"你们有多少钱？"总工程师追问。

"最多有5亿元！"李书福自曝家底。

"开什么玩笑，上海大众投产桑塔纳，光国家就投了10多亿元，你们民营企业瞎掺和什么？"总工程师没有耐心了。

李书福只有5亿元，又是民营企业身份，还想造汽车，简直是天方夜谭，一是资金少，二是没有生产许可证，造出来的车也无法上牌。

聊到最后，总工程师干脆借故开溜了。李书福白等一天，他还以为对方上洗手间了。最后，触了霉头的李书福垂头丧气地回到台州。

要造汽车，没有钱，没有零配件，没有工程师，没有生产设备，也没有生产许可证，除了满腔热情，什么都没有。电冰箱配件、摩托车配件都是李书福自己制造的，同样也能制造出汽车配件，不过一辆汽车有2万多个零部件，要一一制造出来是艰难的。"里外不求人，只能求自己"，李书福开始潜下心来研发汽车零配件。为此，李书福还写了一首诗歌自勉："不低头，不认输，擦干泪，坚持住，该受的苦我来受，该走的路我清楚。"

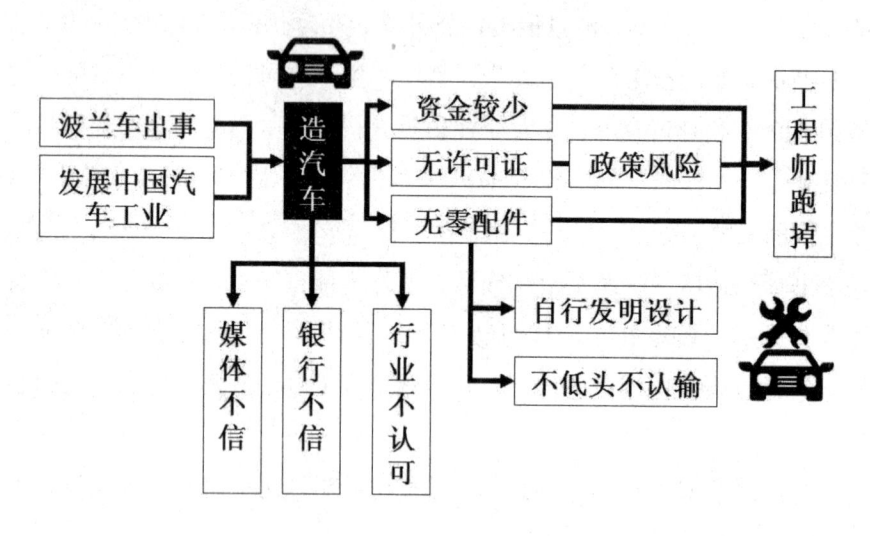

图5　李书福造汽车

企业经营风险主要包括政策风险、市场风险、财务风险、法律风险和团队风险。在中国搞市场经济，民营企业面临更多的是政策风险，因为国家宏观政策的变化对行业和产品的影响巨大，它规定了能不能做的问题，而不是做得好不好的问题。在政策未明朗之前，部分民营企业家都是摸着石头过河，而国外的研发环境就相对自由一些，如美国福特汽车公司的创始人亨利·福特1896年就将他的第一部汽车——一部手推车车架装在四个自行车车轮上的四轮车，直接开上了底特律大街。又如保时捷公司的创始人费迪南德·保时捷在研发甲壳虫汽车时，几乎自己设计与发明了所有汽车零配件，而且采用全手工装配。

只有实干才能研发出更好的产品，才能获得人民大众的支持，最终也会获得国家的支持，就像马云研发的支付宝一样。李书福有一句名言："少谈点金钱，多谈点精神。"这句话高度总结了他获得财富的经验，这种精神，就是实干精神。李书福告诫我们："'中国梦'需要大家的积极参与，但对于汽车工业来讲，实干比梦想更重要。"

成长图谱 1 年轻人怎样做才是实干

1. **敢想敢做**。发挥无知无畏的精神，实干论英雄，谢绝空谈空想，一旦做好计划，立即实施。就像李书福那样，有勇气向父亲借钱买照相机来创业。

2. **赚取第一笔钱**。尝试利用自己的聪明才智和勤劳付出，赚取人生的第一个 10 元、1000 元、10000 元，就像李书福那样，通过放牛、为人照相赚钱。

3. **武装头脑**。努力学习，利用知识武装自己，就像李书福利用高中化学知识从废照相定影液中提炼银子，将废旧电器零件变废为宝那样。

4. **做有心人**。善于观察商机，在实践中做到有依据地实干，可以先小规模试验，再大规模复制。就像李书福那样，在订制皮鞋中发现电冰箱配件的商机，在深圳进修学习中又发现装潢材料的商机。

5. **坚持下去**。在实干的过程中，遭遇困难不要退缩、不要害怕，要像李书福那样不低头不认输，擦干泪接着做。

图6　成长图谱：年轻人怎样做才是实干

第2章

研究哲学：工匠精神就是耐得住寂寞、潜心搞研究

> 工匠精神就是不急躁不急于求成，要耐得住寂寞，能够潜心搞研究，把自己岗位的工作做得最细、打磨得更好。
>
> ——李书福

1．拆车研究：汽车就是四个轮子+两个沙发

1989年的一天，在一个摩托车厂房里，李书福拿着扳手、钳子、电锯、钢锉、锤子等拆车工具，打算大拆一场。在他的对面停放着一辆深圳产的中华轿车，那是他花6万块钱买来的样车。当时中国的汽车工业还比较落后，乍一看这辆待拆的车，仅有一个车壳包裹着发动机和其他零碎物件，实在看不出里面有什么高明之处。

汽车很简单

"咔"的一声，车门卸下来了。拆车正式开始，李书福从外到里进行小心拆解，先进行外部拆卸，再进行内部拆卸和总成拆卸。李书福叮叮当当敲了几天，终于拆完了，原来的中华轿车已经化整为零，变成了四个车轮、两个沙发座椅，还有蓄电池、安全带、滤清器、保险杠、车灯、玻璃、发动机、变速箱、三元催化器等，各种配件散落一地。

在这些拆解出来的零配件中，李书福东瞧瞧西看看，感到汽车也没什么高不可攀的技术，而且四个车轮、两个沙发座椅所占的空间还比较大，于是李书福就对别人说："汽车就是四个轮子＋两个沙发。"

此语一出，很多人不明白他在讲什么，认为李书福不懂车，还偷偷笑话他。

后来，李书福解释说："我以前说过汽车很简单，四个轮子一个发动机，加两个沙发，还有一个车身，这是从车的特征来讲，它的构成要素，我想这个话，是从这个汽车的未来来总结的，因为全球的大型工业产品的制作，都进行了模块化生产的阶段，模块化生产就像小孩子搭积木，发动机是发动机，车身是车身，电子电器是电子电器，都把它组合成各种模块，一组装就可以成一辆汽车，而且可以变成各种各样的汽车，今后的汽车工业一定是像我

刚才所说的这个样子，只是说我在十年之前讲这个话，很多人不明白我在讲什么。"

喜一郎也玩拆车

纵观汽车工业发展史，汽车的发明就是模仿前人的研究成果再加上现代化创新的过程。不只是李书福在拆车研究，丰田的创始人丰田喜一郎也进行拆车研究。不过，他与李书福不同的是，他拆的是外国车，而李书福拆的是国产车。

丰田喜一郎大学毕业后，来到父亲的丰田纺织株式会社当了一名机师。1933年，丰田喜一郎设立汽车部，并将一间仓库的一角划作汽车研制的地点。

为了研究汽车技术，丰田喜一郎于1933年4月购回了一台美国雪佛莱汽车发动机，进行反复拆装、研究、分析和测绘。在研究中，他发现这些零配件的材料都很昂贵，穷人根本买不起，于是他发誓要生产廉价型汽车。

在研究完美国雪佛莱汽车发动机之后，丰田喜一郎又开始研究德国汽车，打算博采众长。1934年，丰田喜一郎托人购回一辆德国产的DKW前轮驱动汽车，这是德国奥迪公司生产的一款车，有着狭长的车厢与四个窄轮子。虽然这种车看起来很简单，但是它的车身轻盈、动力十足，20世纪三四十年代流行于欧洲各国。丰田喜一郎经过一系列的研究、模仿与创新，于1935年8月造出了第一辆丰田GI牌汽车，那是日本第一辆国产汽车、载货卡车，从而完成了从模仿到创新的蜕变。

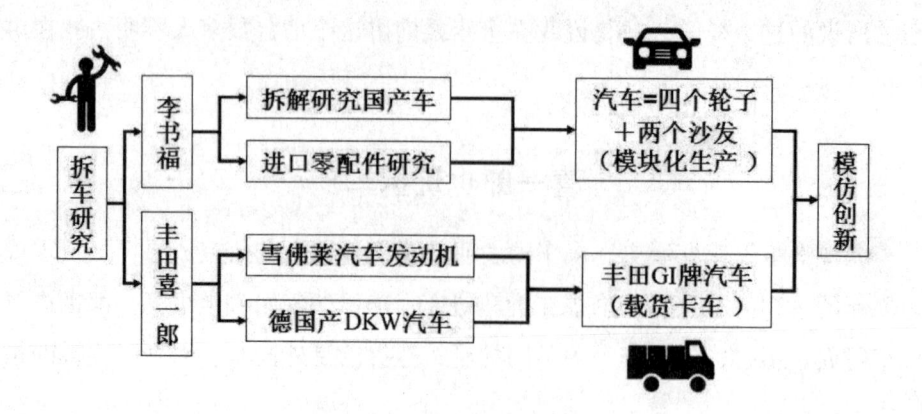

图7 拆车研究

研究汽车产出卡车，日本汽车公司通过模仿创新活动，往往能够产生出更加先进的技术，所以李书福在进入汽车工业的时候，也走这条模仿创新之路。模仿是一种快速学习的过程，而创新，则是大胆进行本地化创新，推出符合当地市场实际情况的车型。德国人卡尔·本茨于1885年10月研制成功了世界上第一辆汽车，他把燃油发动机安装在车架上，一举奠定了汽车设计基调，发展到现在，传统燃油汽车也跳不出这个框框，所以只能在此基础上进行大同小异的创新。在国内车企中，比亚迪可以说是国内模仿路线的开创者，比亚迪一开始研发的车型模仿了部分日系车型进行组合创新，后来才搭载着自主研发的发动机。

2．组装人生中第一辆车——吉利一号

　　1994年的一天，李书福把两辆高档车陆续开进了拆解车间，一辆是自己花100多万元买的崭新的奔驰汽车，另一辆是送给下属的一辆36万元的红旗汽车。"把国产车和外国车同时拆开，对比看一看。"拆完中华汽车之后，李书福又把拆车的目标锁定在世界上最成功的高档汽车品牌之———德国奔驰，还有国内汽车高端品牌——红旗汽车。

中西对照式的拆解与中西合璧式的组装

　　看着奔驰三叉星车标，还有红光闪耀的红旗车标，李书福迅速进行了一场中西对照式的拆解。经过一番认真拆解，车间里堆满了各种汽车零配件。拆完之后，李书福又对每一个零配件进行了认真研究。

　　有些零配件拆散了，无法测试相关功能，李书福就进口同样的零件回来研究。李书福说："当时偷偷拿回来一些零部件，像方向盘、安全气囊，包括一些电子电气的东西等都是从外国带过来，然后好好研究。"

　　面对林林总总的零配件，李书福日思夜想、潜心研究，如何才能实现自主制造。经过近半年的反复拆卸与组装研究，李书福基本掌握了汽车的基本架构。于是，他开始进入造车的实质性阶段。

　　当时，李书福利用制造摩托车的钣金设备，将金属板材加工成汽车各种零配件，并进行组装。他组装的新车是个"混血儿"，混合了奔驰汽车和红旗汽车的特点。这个吉利牌汽车，外形模仿奔驰汽车，而底盘模仿红旗汽车的底盘，装载发动机则是红旗汽车的。

　　奔驰汽车的外形，红旗汽车的心脏，被李书福完美地组装起来。"成了！"当组装完最后一个零件时，李书福激动得欢呼起来，并给这辆车命名为"吉

利一号"。

通过中西合璧式的拆解与中西合璧式的组装，一辆崭新的汽车就这样被打造出来了。李书福急不可待地将车开到临海市区转了一圈，结果引起了巨大的轰动。

研究小型便宜车

李书福趁热打铁，在《台州日报》做宣传广告，居然有人过来询价。不过，人们对于这种通过手工组装的汽车还是感到不安全。因为当时李书福还没有制造出钢制车壳，他就用玻璃钢替代，这种玻璃钢汽车外壳看起来漂亮，却是脆性材料，易损伤、断裂和受到腐蚀。

李书福经过分析吉利一号，发现做高端车技术难度大，而且新品牌也没有竞争力，无法与人家硬碰硬，最后他决定放弃"奔驰＋红旗＝高端车"的造车路线，转而制造小型便宜车。

当时汽车都比较贵，最便宜的夏利、奥拓都要10多万元，而桑塔纳将近20万元，几乎没有5万元以下的汽车，这就是一个市场空当。

于是，李书福便开始研究最便宜的夏利汽车，他将买来的样车全部拆解出来，开始研究、了解夏利的零部件配套体系：发动机是谁的，变速箱是从哪里买的，仪表是从哪里采购的，底盘是怎么制造的。他将一个个零部件进行"供应链"分析：能自主制造的就制造，不能制造的也知道去哪里买回来。

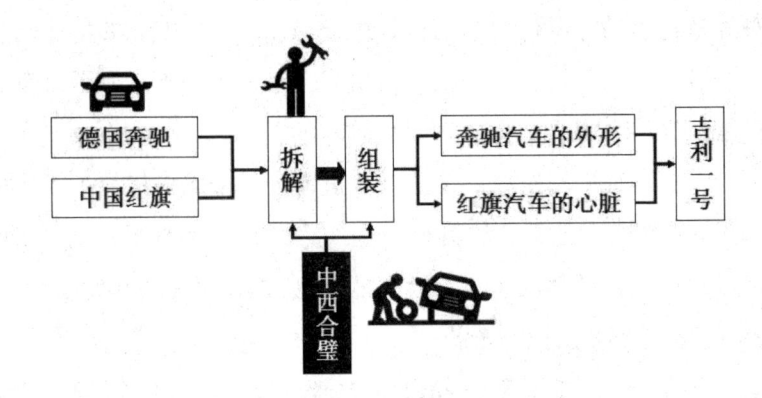

图8　中西合璧式的拆解与组装

制造汽车大体上有两个步骤：一是研发制造技术，二是搭建生产线。李书福通过拆车研究，基本掌握了汽车制造技术，但是苦于没有生产线，主要还靠自己手工组装。早在1913年，福特创立了全世界第一条汽车流水装配线，大大提高了生产效率。这种流水作业法后来被称为"福特制"，并在全世界广泛推广。李书福也想早日建立自己的生产线，但前提是一定要把汽车制造技术研究得透彻，他说："工匠精神就是不急躁不急于求成，要耐得住寂寞，能够潜心搞研究，把自己岗位的工作做得最细、打磨得更好。"

3. 第一辆吉利汽车豪情下线

1996年的一天，李书福拿着申请地皮的材料急匆匆走进了临海市政府的大门，此时的李书福正盘算着一个移花接木的计划。李书福想在临海拿地，创立汽车生产线，料想政府不会批的，所以只能以扩大摩托车生产线的名义来申请。李书福创办的摩托车厂蒸蒸日上，每年嘉吉牌摩托车的产量高达几十万台，现在多拿地扩大生产规模，也算合情合理。

挂着摩托车的"羊头"造汽车

在规划审核时，有官员质疑李书福："你们要拿800多亩地，厂房要这么大吗？你们要造什么摩托车？"

李书福憨厚一笑："我们要造的是世界上最豪华的摩托车。"

经过相关部门的集体"会诊"，最后临海市政府批了临海市城东开发区的800多亩沼泽地给李书福，当时租赁价格是500元一亩。当李书福踏上这片沼泽地，一下子就傻眼了，这里除了开发区两幢办公楼之外，几乎什么都没有，没有电、没有水、没有通信、没有饭店、没有商店，连生活都困难，更不用说用来做汽车制造基地了。

一切从零开始，李书福一边打着造摩托车的幌子，一边筹建吉利豪情汽车工业园。不久后，建筑队开进了这片沼泽地，无数台挖土机、推土机、压路机开足马力昼夜施工，要化沼泽地为厂房。

厂房建立起来了，造车设备也搬了进来，但是李书福对于大规模造车还是很谨慎，因为当时只有国企可以造车，民企不能造车。

李书福说："吉利刚开始研究汽车的时候，都要把窗户和门关起来，窗帘也拉起来，不让别人看见。那时候要是让别人看到你研究汽车，那不得了。

因为那时，汽车是由国有企业制造，民营企业不允许制造汽车。后来我去相关部门请示，问能不能生产汽车，得到的答案是不可能。有的人甚至质疑说，李书福你的胆量真大，还想搞汽车。"

眼看着吉利豪情汽车工业园已经初具规模，而民企又没有汽车生产权，相关部门又不同意申请，李书福进入了骑虎难下的状态，该怎么办？

此时，李书福决定参照制造摩托车的成功做法，既然造汽车没有生产权，那就收购拥有汽车生产权的国有单位。

与监狱长谈合资

1997年的一天，李书福打听到四川德阳监狱监狱长（也是德阳监狱汽车厂的厂长）手里头有汽车生产许可证。这个监狱长思想开明，懂得与时俱进、开拓创新，他们通过改造罪犯、造就新人，努力发展生产，壮大经济。

不过，当时的德阳监狱汽车厂已经停产了，但他们有汽车生产许可证，可以生产轻型客车和两厢轿车。李书福喜出望外，从浙江跑到四川，千方百计地找到这家工厂，与监狱长谈一笔合资的生意。

"我们投2400万元，成立合资公司，占70%股份。"李书福当即表态。

"合资可以，但得按照我们规矩来办。"监狱长表示首肯，因为他也想让停产的汽车厂重焕生机。

很快，李书福在协议书上大笔一挥，就拨款与德阳监狱合资成立了四川吉利波音汽车有限公司，后来改叫吉利汽车制造有限公司，因为"波音汽车"这个注册商标遭到了波音公司的抗议。

在投入巨资、购买先进制造设备改造生产线之后，汽车厂终于运转起来了。不过，这个工厂设在监狱里，规矩也很多，原材料进出不方便，事事都要请示，还要时时提防着"犯人员工"逃跑，办事效率太低，一年也生产不出多少辆汽车。

后来，李书福想全部收购这家工厂，搬到浙江去，这样自由度会高一些，但是监狱长却不同意。李书福没办法，只能等待机会。

不久，监狱长过世了，换了另一位监狱长。新来的监狱长表示，李书福全资收购可以，但价格要合理。最后，李书福用合理的价格收购了剩下的30%股份。

李书福有了"别人家"的汽车生产权，又在合资公司中占股100%，他终于可以名正言顺地筹建汽车制造厂了。1997年，吉利控股集团在临海筹建了汽车制造厂。

1998年8月，第一辆吉利豪情在临海的工厂下线，但剪彩仪式冷冷清清，受邀的官员与经销商集体缺席。因为严格来说，"别人家"的汽车生产权不等于自己的，吉利尚无正式的汽车生产权，还是非法生产。

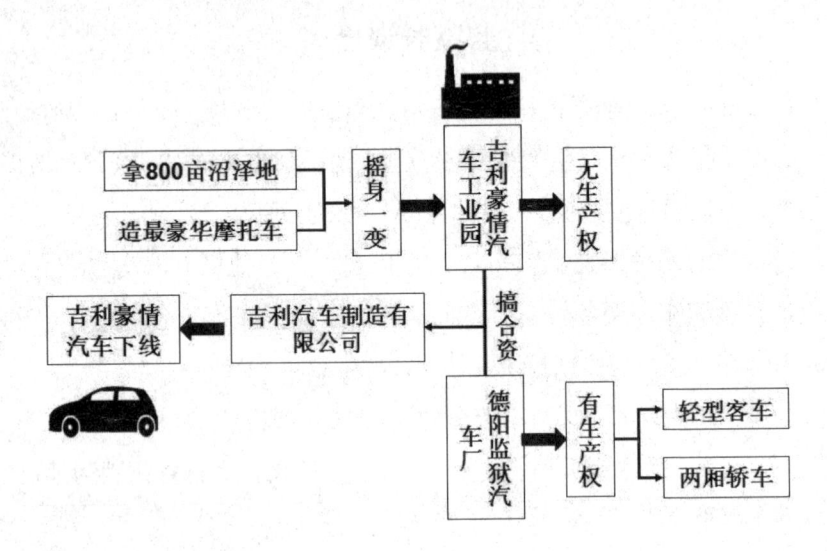

图9 第一辆吉利汽车豪情下线

中国民营车企的发展十分艰难，单是生产权的获得就不容易，更不用说时刻与世界顶级品牌较量了。吉利的李书福没有汽车生产权，他只能找国有监狱汽车厂搞合资。1990年，长城的魏建军承包了国有单位、保定城南的南大园乡长城汽车厂时，厂里负债累累、人心涣散，后来靠研发皮卡杀进汽车市场。比亚迪的王传福先利用10年的时间研究电池，并成为电池大王，2003年才转型做汽车，由于没有生产权，他就直接收购了西安的秦川汽车，才拿到生产权。可见，民营车企通过收购国企获取生产权，已经事先付出了巨额成本，未来"不成功则成仁"。

4．不要国家承担风险，请给我们一次失败的机会

1998年底，寒风凛冽、风雨飘摇，在厂房外停放着无数辆问题车。只见李书福用手一挥，等候多时的压路车迅速出击，轰轰作响地朝着100多辆豪情汽车碾压了过去，只听见一片"咔嚓咔嚓"金属破碎挤压的声音……

用压路车碾压问题车

1998年底，吉利临海工厂生产出100多辆豪情汽车，车型模仿天津夏利，当时采用的是天津丰田发动机公司为夏利配置的丰田8A发动机，整车是钣金工用手工敲打出来的，很多质量都不过关。

在测试的时候，有的灯组里面都是水，出现漏电触电安全隐患。有的密封系统也不靠谱，在路上行驶的时候，外面的灰尘可以从车门缝涌进车厢，让司机苦不堪言。李书福感到这批车质量太差，市场是不会接受的，于是一气之下动用压路车压毁了这批车，损失高达数百万元。

为了提升汽车质量，李书福辞退了一批手艺不好、工作态度不认真的老工人，重新从国营车企里挖来一批素质较高的年轻人才，质量控制也更加严格。

1999年，李书福重新造了一批豪情汽车，投放市场后卖出近2000辆。当时没有专业的汽车营销渠道，李书福就借助原来的摩托车销售体系进行销售。

由于前期投入太多，汽车销售收入无法弥补支出。当时，李书福口袋里的资金越来越少，建厂房、买设备、采购汽车零部件、厂房租金、人工……到处都得花钱，资金缺口越来越大。

这时，李书福启动了吉利"老板工程"，让带钱带本领加入吉利的人都成为老板。李书福说："当时，我们请资金持有者加盟吉利，与吉利合伙办子公

司或分厂，让有钱人成为老板，同时，请缺乏资金但有技术、有才能的人加盟吉利，成为吉利的管理人员，靠自己的才能和技术成为老板。"

李书福抛出了橄榄枝，让人人成为老板，很快齐集了大量的物力人力，大家集中力量来造车。因为李书福在冰箱、建材和摩托车等生意上都赚了钱，很多人都愿跟着他做老板。

当时，李书福把汽车制造厂分成了若干分厂，有的老板做车架、有的老板做车身、有的老板做玻璃、有的老板做车灯，这些都是由相对独立的承包商来完成，就连汽车总装车间也是承包出去的。

这种做法相当于现在的股份制，员工以资金入股、技术入股的方式做负责人、老板，然后分配任务，责任到人。

没有入世，就没有吉利

李书福解决了生产线、产品质量与资金三大问题，最终还得解决汽车生产权的问题。

1999年，主管工业的国务院副总理曾培炎到吉利视察。为了尽快拿到汽车生产权，李书福对曾培炎慷慨激昂地说："请允许民营企业大胆尝试，允许民营企业做轿车梦，几十亿元的投资我们不要国家一分钱，不向银行贷一分钱，一切代价民营企业自负，不要国家承担风险，请国家给我们一次失败的机会吧！"

曾培炎听后很感动，但是并没有立即表态。

李书福一着急，又追问："国家能不能给我一次失败的机会，您支持不支持我们吉利造汽车？"

曾培炎凝视着李书福，最后说："我不反对你们造车，但这个不是我批的，这个事得国家经贸委批。"

没办法，李书福只能等。在等生产权的日子里，生活还得继续、生产还得抓紧，但是公司未来的发展走向却悬而未决。李书福说："这个日子是非常艰辛的，但是我们始终坚持自己的理想追求，坚持一种信念，就是中国的改革开放是势不可挡的。所以那个时候,我们就提出来'认准一个方向,坚定一个信念,凝聚一股力量,提炼一种精神,完成一个使命'。我们就是如此坚定,我们要造老百姓买得起的好车,让吉利汽车走遍全世界。"

2001年11月9日,国家经贸委增发了一批汽车生产许可证,搭载着吉利自主研发的发动机,金属冲压车身的吉利JL6360终于榜上有名。这意味着,吉利成为了中国首家获得轿车生产资质的民营企业。第二天,2001年11月10日,中国在多哈会议上被正式批准加入世界贸易组织。

李书福兴奋地说:"没有入世,就没有吉利。我们这种兴奋,真是难以用语言来表达。当然大家也知道,要想研发制造和销售轿车可真不是一件容易的事情。全世界已经有那么多同行在中国扎根了,已经形成他们的优势,我们作为后来者,要想在这个领域取得成功,这确实是非常艰难的。好就好在我们在此之前做了3年的准备工作,直到2002年的时候我们才向市场大规模投放轿车。"

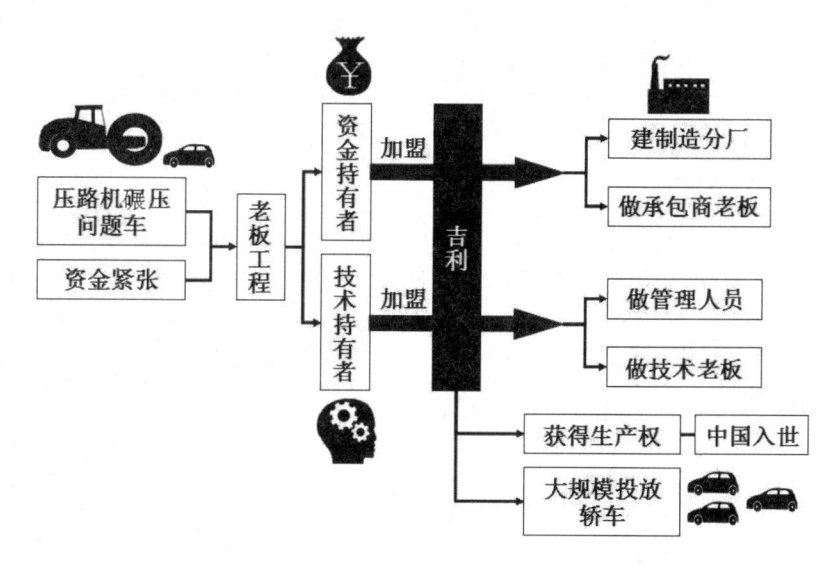

图10 吉利"老板工程"

"质量就是效益,质量就是生命",李书福用压路车碾压问题汽车,表明了吉利高质量造车的决心,也唤醒了员工的质量意识。无独有偶,1985年,海尔首席执行官张瑞敏曾经带头抡着铁锤砸毁76台有缺陷的冰箱,让围观的员工们泪流满面。张瑞敏砸冰箱事件，以较小的损失树立市场信心，最终砸出了"金牌质量"，1988年12月，张瑞敏带领海尔获得了中国电冰箱史上第一枚质量金牌。

5．下线第一辆国产跑车——吉利美人豹

2003 年，在吉利台州汽车生产基地里，有一款奇特的跑车——吉利美人豹下线了，只见它前俯后翘、动感十足、红似一团火，酷似丰田跑车 SUPRA。丰田跑车 SUPRA 号称"牛魔王"，是丰田第一台量产化的跑车，它动力澎湃、呼啸过街。吉利美人豹下线能否挑战牛魔王？

平民跑车

既然"奔驰＋红旗"造不成高档车吉利一号，那可以仿制日本跑车试试。当时，李书福想设计一款平民跑车，这个跑车要有跑车的元素，而价格要足够亲民。

当时的吉利，连低端车造起来都很困难，更不用说造跑车了。可是，李书福造跑车的决心很坚定，他带领几十个人，经过长达 18 个月艰苦卓绝的设计、研发与生产，完全依靠自己的力量造出平民跑车——吉利美人豹。

李书福说："你想想痛苦不痛苦吧，第一我们的钱不多，你说我有几个钱，你知道吗，我是很穷的人，资金不够。在技术上，大家都不相信我们能造汽车，所以技术也就比较难了。在人才方面，大家不相信你能干成汽车，人才凝聚也很难。各方面觉得你造车不一定能成功，支持各方面都非常的艰难，几乎是完全依靠我们自己。"

就在人们等着跑车流产、看笑话的时候，吉利美人豹却横空出世了，一举打破了吉利只能造低端车的流言。当吉利美人豹以跑车的身份出现在上海车展的时候，同行们都很震惊，没想到名不见经传的吉利也能生产跑车了。这款车美丽、动感、舒适、配置丰富，制造工艺已经脱胎换骨。

当时，没有什么总工程师、总设计师的概念，李书福既是设计者又是制

造者。李书福说："谁是专家？就我一个是专家，我就自己动手，自己画图，自己试制，自己试车，自己改进，什么都自己来，带领几十个人，大家冲锋陷阵。"

虽然平民跑车吉利美人豹大大提升了吉利汽车的制造品质，但是销量却并不尽如人意。

2003年12月，美人豹在北京正式上市，售价12万到14万元，分1.3升和1.5升三款车型，均为手动挡。当时，李书福给美人豹设计的年产量是8000～10000台，但2004年每月销量仅为300台左右，入不敷出，最终停售。"中国第一跑"吉利美人豹挑战丰田牛魔王最终落败，渐渐被人们遗忘。

优利欧汽车

吉利一号高端车路线走不通，吉利美人豹跑车路线也走不通，只能回去继续倒腾研究小型低端车。2003年，吉利宁波基地生产出了一款叫优利欧的汽车，意思是"优于夏利与赛欧"。

李书福之前生产的吉利豪情汽车是两厢车，三厢车还没有研发出来。李书福表示："我们开始生产的是没有屁股的车，参考夏利的基本平台和基本技术，在这个基础之上，我们进行一些创新和设计。"

从制造两厢车发展到三厢车，看似只多了一个后备厢，但是制造工艺更加复杂了。

吉利优利欧汽车，是三厢车制造，改变了吉利只能制造两厢车的历史。虽然它模仿夏利与赛欧汽车进行创新制造，但是性能优于夏利与赛欧，售价低于夏利与赛欧。

优利欧汽车配备的是丰田8A发动机，最大功率则可以达到63千瓦，全金属承载式车身，安全性能好，拥有开阔的驾驶室空间。优利欧汽车个性化的前脸设计、新款的水晶大灯，还有高档进风口的创新设计，让人找不到它是谁的影子。优利欧汽车的出现，让夏利与赛欧同级别轿车感到压力大增，纷纷降价销售。

李书福说："优利欧售价只有7万多元，相对于同级别车型，我们的发动机、变速箱和内部空间等，都是非常有竞争力的。"

因为李书福模仿其他汽车，没有自主创新的科技含量，不少人私底下嘲笑李书福，叫他"滚回去造摩托车"。李书福争辩说："我一不偷，二不抢，每天从早晨6点30分工作到晚上11点，辛辛苦苦办企业，为什么别人总嘲笑我？"

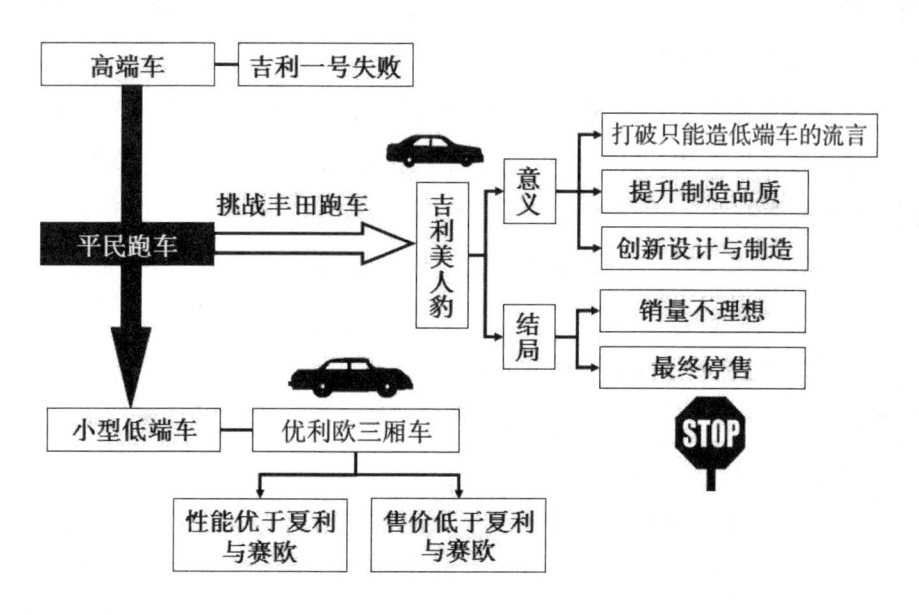

图11　国产跑车——吉利美人豹下线

实践出真知，实践是智慧的源泉。李书福造高端车路线走不通，就试着造跑车，跑车路线走不通就试着研发小型便宜车，对两厢车不满意，就造三厢车。可见，李书福通过造车实践、不断摸索研发，既对技术进行研究，又对市场保持敬畏，最终摸索出一条适合自己的发展道路。兰博基尼的创始人——费鲁吉欧·兰博基尼，原本是意大利普通的农民之子，但他白手起家、艰苦奋斗，最终成为众人敬仰的跑车行业巨星。既然农民之子也能造出全球顶级跑车，那么同样是农民的李书福能造出平民跑车就不奇怪了，关键是要潜心研究，才能出奇制胜。

成长图谱 2　怎么开展一项发明研究

1. **拆解研究现有产品**。现有的产品就是最好的老师，也是研发的实习园地。就像李书福一样，自己想造车，就先拆车研究。所以，你想发明什么就可以先拆解研究现阶段流行的产品。

2. **形成改进创新的想法**。真正的发明研究是为了解决社会的难题与痛点，而不是终日异想天开。研究现有产品的优缺点，通过优点集聚，形成改进与创新产品的想法。

3. **画出原型图纸**。把头脑中想象的产品原型绘制成图纸，与其他人分享、讨论，不断完善发明产品的外观与内部功能设计。

4. **加工组装一个样品**。利用现有的设备或者请教专业师傅，把图纸上的创意加工组装出一个真正实用落地的样品。就像李书福那样，将"奔驰汽车＋红旗轿车"组装成吉利一号。

5. **申报专利、寻找量产机会**。为了保护自己的合法权益，可以向相关部门申报专利，并寻找投资，找加工厂、经销商合作进行生产销售。

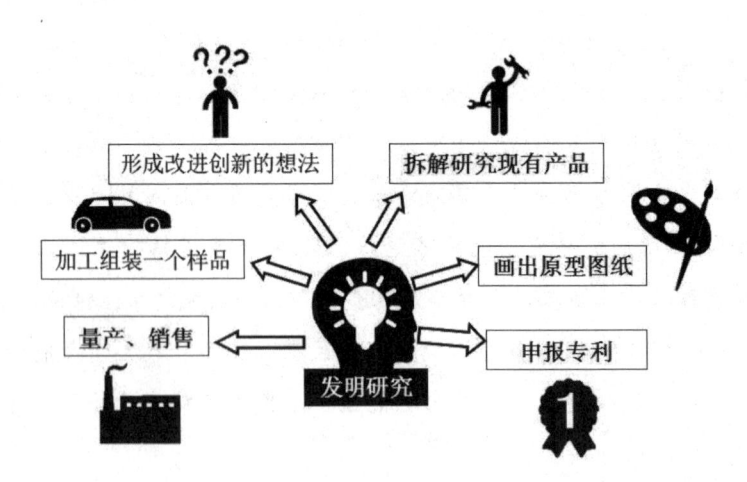

图12　成长图谱：怎么开展一项发明研究

第3章

目标哲学：制定具体的规划和目标，并有切合实际的完成步骤

> 只有通过自己的努力，制定具体的规划和目标，并有切合实际的步骤去逐步完成，才有可能获得成功。不要追求不通过努力就能得到的东西，创造人类的幸福全靠自己的拼搏和奋斗。
>
> ——李书福

1．发展三部曲：产销量从30万辆、100万辆到200万辆

2002年7月的一天，外面骄阳如火，里面唇枪舌剑。在吉利的会议室的长桌上摆满了鲜花水果，承包商们围成一团，向李书福汇报汽车生产的进度，并对三年后发展的一些关键指标和数据进行据理力争。

李书福坐在中间，时而点头微笑，时而凝神沉思，最后一锤定音，说道："2005年吉利轿车产销量达到30万辆，2010年达到100万辆，2015年达到200万辆！"

谁才是疯子？

吉利刚拿到汽车生产权不久，研发的豪情汽车、优利欧正在与竞争对手打价格战。在这种情况下，李书福居然提出一个大家认为不可能实现的产销量计划。

提高产销量不能光靠说大话，还得靠货真价实的产品。吉利推出的三厢车优利欧打压夏利、赛欧汽车的销售，有得也有失，正所谓"杀敌一千自损八百"。吉利要实现产销量三连跳，还得研发更多车型，出奇制胜。

吉利造车举步维艰，光靠自己打江山还有点吃力，还得请教"外国师傅"——韩国大宇。

由金宇中于1967年创建的韩国大宇，是一个多元化经营集团，经营范围包括外贸、造船、重型装备、汽车、电子、通讯、建筑、化工、金融等。韩国大宇崛起的诀窍就是实施"以小吃大"的兼并战略，它以顽强的生命力将兼并的大企业迅速扭亏为盈。这给吉利后面"蛇吞象"兼并沃尔沃算是上了

一节课。

1976年，大宇买下了比它规模大一倍多的老牌国有大企业——韩国机械。当时，金宇中力排众议，兼并后不裁员，只增薪，还建多种福利设施，结果员工的积极性与创造力集体爆发，使具有40年亏损历史的韩国机械扭亏为盈。金宇中解释道："企业首先要为员工着想，员工才能为工作着想。这就是'共存共荣，以人为本'的发展思想。"

韩国大宇发展起来之后，加紧国际化步伐，昂然进军中国市场。2002年，李书福与韩国大宇达成造车合作。在合作中，李书福没有贴外国车的牌子，而是利用中外技术合作形成自己的自主品牌——吉利自由舰。

自由舰是吉利拥有自主知识产权的经济型标杆车型，它由1000余名中外技术研发人员历时三年艰苦研发而成，于2005年在全国上市。

吉利自由舰搭载吉利自主研发的经典发动机MR479A，配以JL148变速箱，换挡轻便顺畅，发动机油耗十分经济。车上装载丰富的自动装备与安全系统，拥有四门电动车窗、后视镜电动调节、电子防盗、车内中控锁、ABS、安全气囊等，售价仅为三四万元。它以经济车的价格，却达到了中、高档车的规格配置，一举打破了传统经济车的定义。

研发新品促销量

就在吉利优利欧与夏利、赛欧汽车激战正酣时，吉利自由舰突然从斜刺里杀出，以钱少配置多在经济车市场攻城略地，如入无人之境。

研发新品促销量，吉利就这么干。只要路子对了，发展的步子可以再快一些。于是，李书福十分重视汽车新款车型的研发。从2005年到2010年，吉利汽车先后推出了自由舰、金刚、远景等低端车型，并一步步从低端走向高端，又推出了全球鹰、帝豪、英伦三大高端车型。在众多车型的合力下，李书福提出的吉利发展三部曲、产销量目标，也一步步变成了现实。

2002年是中国汽车市场"增速开挂"、产销突飞猛进的一年，全年产量和销量均超过300万辆。其中轿车销售109万辆、货车109万辆、客车106万辆，都突破100万辆大关。吉利汽车迅速崛起，在3～5万元经济型轿车市场奠定了稳固基础。

李书福说："我是站在'海里'（指身处汽车业）对市场作出科学的分析，并不是胡言乱语，真正胡言乱语的是那些站在'海边'说瞎话的人，他们根本就是外行，根本就看不清中国汽车的市场前景和发展方向，却反过来说我是'疯子'。国内汽车的价格太高，一般的老百姓根本就难以承受，说什么汽车没有降价空间，实际上就是采取欺骗手段瞒骗消费者，是很不道德的。有人指责我不懂汽车乱说话，但只要回顾一下我所讲过的话，有哪一句话说错了？2002年的轿车产量将突破100万辆，这话我就说过，结果我没有成'疯子'，现在看看到底谁是'疯子'？"

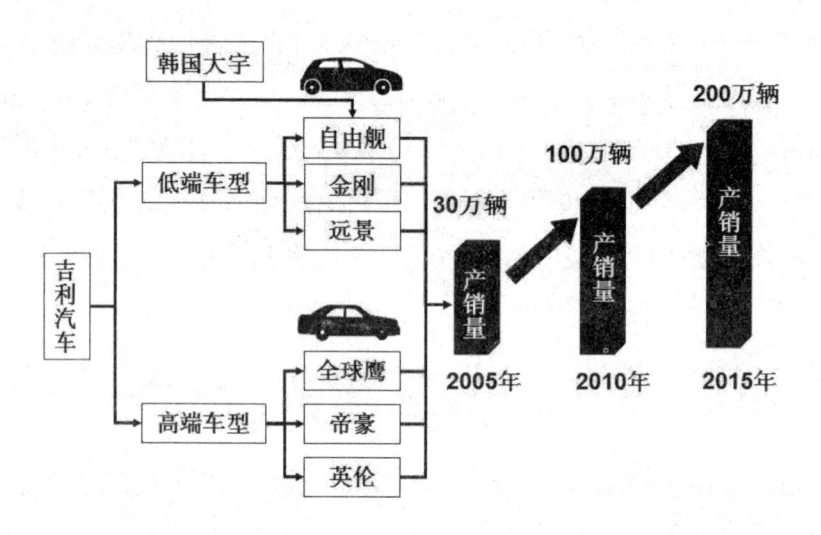

图13　发展三部曲

为什么"疯子"比较容易成功？因为他们理念超前、提前布局、赢在未来，就像李书福提出"发展三部曲"，规划了十几年后目标，让不少人跟不上节奏。

孙正义也是个"疯子"。1981年，24岁的孙正义创办了软银公司，要在东京分销个人电脑软件。当时他只有两名兼职员工，开业第一天，身材矮小的孙正义大言不惭地说："五年内软银销售额将达到7500万美元，并成为日本第一。"两名员工听完讲话，面面相觑，一致认为"这家伙肯定是疯子"，当天就辞职了。他们万万没有想到,多年之后,他们失去了成为亿万富翁的机会。因为,软银以卖软件起家,发展成为一家综合性的风险投资公司,在全球投资过的公司已超过600家,连阿里巴巴也被软银投资了。

2. 吉利汽车在香港借壳上市

2003年的一天，李书福心急火燎地找到香港国润集团的贺学初，一位传说中的资本运作高手。那些年，外贸受损、内销不旺，连做服装的国企都会出现资金链断裂，更不用说造汽车的民企了。

会见资本高手

"我们想借壳上市，你们有没有把握？"李书福喜欢开门见山。

"一切得按照市场的节奏来，不要慌乱。"贺学初向李书福抛出定心丸。

1997年，贺学初离职后进入香港资本市场。2001年，他曾经将连续五年亏损的上市公司四海互联网重组后更名为上海证大地产，在资本市场一举成名。

此前，李书福曾经尝试在内地A股市场借壳上市，这个壳就是全柴动力。李书福通过与全柴动力的谈判，希望能入主全柴动力。

当时，全柴动力的股权结构比较简单，第一大股东为安徽全柴集团有限公司，持股1.625亿股，占57.34%，因此吉利只要收购大股东手头的所有股份，就能取得对全柴动力的绝对控股权。

不过，在最后进入审批环节的时候，相关政府官员却反对交易，因为全柴动力是安徽省百强企业，如果被名不见经传的浙江吉利入主，一时间难以接受。

在内地借壳全柴动力上市计划失败之后，李书福又曾尝试借壳其他国内企业，但由于种种原因都未能成功。这个时候，李书福决定会见资本高手贺学初。贺学初在香港有着丰富的炒壳经验，而且手头上正好有一个"壳"待用。

2002年，贺学初组建了PGHL控股公司，并以此公司通过增资的方式控股了上市公司南华资讯,最终持有40%的股权成为第一大股东。随后,贺学初又通过一系列的资产重组和负债剥离操作后,使南华资讯成了一个干净的"壳",同时改名为国润控股,其股权结构简单,无复杂的交叉股权。

不过,李书福想在香港借壳上市,也遇到一个棘手的问题——钱不够多。

当时,香港联交所有这样一条规定:如果某法人欲收购公司第一大股东的股权,并且致使自己的累计股份占全部股份的30%以上时,为了保护众多小股东的权益,该法人必须对全部股东发起要约收购,收购价格必须和收购大股东的价格相同。

依据这条规定,李书福如果收购大股东贺学初手里持有国润控股40%的股权(超过30%),同样也要收购其他股东手里所持有的股票。当时,李书福的资金较为紧张,不能这么做。

上市两步骤

于是,资本高手贺学初就给出了两步细腻的操作手法,让李书福大开眼界。

第一步,间接持股。贺学初将PGHL公司32%的股权转让给李书福。股权转让后,持有PGHL32%股份的李书福间接持有国润控股的比例不足30%,因此不必发起对全部股东的要约收购。

第二步,低价购股。经过一系列配股、增资、收购等行为后,李书福将大部分资产注入了上市公司国润控股。此时,名义上贺学初仍然是国润控股的第一大股东、公司的董事长,但李书福拥有实际控制权。

2005年1月,国润控股发布公告称,吉利集团将收购第一大股东PGHL持有的所有国润控股股份,收购价格为每股0.09港元。当时国润控股的市场价格为每股0.45港元!虽然李书福按照香港联交所的规定,对所有股东发出了要约收购书,但是李书福以0.09港元买大股东的股份,小股东们却没人愿意贱卖自己的股份。最后上市公司、壳公司国润控股无法私有化退市,并改名为吉利汽车。

2005年5月,吉利向外界正式发布消息称,吉利汽车(HK0175)已成功实现在香港股市的整体上市。就这样,吉利成功在香港借壳上市,而李书福也迅速替换贺学初成为吉利汽车的董事长,牢牢掌握了对吉利的控制权。

吉利汽车上市之后资本充足,其发展之路更加平顺。吉利上市的主要目的是为吉利提供融资平台,为建新生产基地和产能急剧扩张提供源源不断的资金。同时吉利上市之后,也可以吸纳更多的境外资本而实现企业国际化战略,上市前后,吉利与韩国大宇国际株式会社、德国吕克公司、意大利汽车项目集团等诸多国际汽车企业展开技术合作。

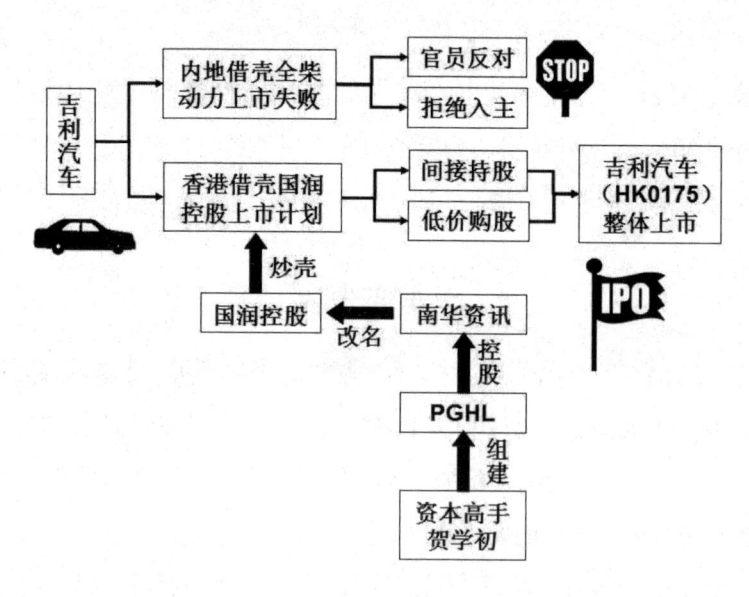

图14 吉利汽车借壳上市

借壳上市可以说是一种抄近路上市的方式,比一般正常上市可以缩短一两年的时间。借壳上市是指一家母公司(集团公司)把资产注入一家已上市、市值较低的公司(壳),取得该壳公司的控股权,然而借助上市公司的地位使母公司的资产得以上市,一般该壳公司会被改名为母公司。吉利就是通过这样的方式在香港上市,北汽新能源也是通过借壳上市。2018年9月,北汽新能源借助ST前锋(壳)在上交所上市,改名北汽蓝谷,成为国内新能源车第一股。

3．打破高价门槛：5万元、每百公里5升油耗、坐5个人

2006年，吉利各大汽车生产基地正在加班加点、日夜赶工，备战春节汽车销售旺季，车间里呈现出一派紧张忙碌的氛围。汽车零部件焊接的电光石火、机械拧螺母的呼呼作响，各种各样的汽车零部件按规定的技术要求，以合理的装配方法不断地组合、调试，最终形成汽车成品。看着生产线上一辆又一辆豪情汽车、优利欧汽车下线，李书福喜不自禁。

疯狂价格战

为了迅速夺取全国市场的大胜利，李书福提出"三个五计划"，即"5万元价格、每百公里5升油耗，坐5个人"的造车目标。

一开始吉利豪情汽车开卖5万元，可是根本卖不动，很多客户只是过来看看，然后又奔其他地方去了。

2006年春节前后，李书福决定豁出去了，吉利豪情汽只卖3.99万元！没想到从5万元降到3万多元，客户还是不买账，这时李书福开始有点紧张了。屋漏偏逢连夜雨，就在这个节骨眼上，夏利也跟着降价了。

夏利公司的前身是天津汽车夏利股份有限公司，成立于1997年，1999年在深圳证券交易所挂牌上市，通过一系列的资本运作，已经成为汽车行业一支重要力量。多年来，夏利始终保持经济型轿车产销量第一的荣誉称号，夏利车售价在3万到5万元之间。2004年，夏利成为第一个产量过百万辆的民族轿车品牌。

当夏利发现来自浙江的吉利要血拼价格时，决定作出回应，打价格战、打掉竞争对手，全面收复经济型轿车市场。

李书福说："那时候真的是卖不动，就在我们一筹莫展的时候，夏利突然

降价，这一招不仅没有挤垮吉利，却反而帮了吉利，让吉利汽车卖得更好。"

当吉利豪情只卖3.99万元时，夏利开始降价，仅卖3.98万元，比吉利豪情便宜1000元，吉利车马上无人问津。这时，李书福立即采取紧急措施，将吉利豪情售价降至3.89万元，比夏利便宜1000元。就这样，吉利豪情汽车一直压着夏利汽车打价格战，只要夏利一降价，吉利豪情就比它便宜1000元。

带来真实惠

就这样，吉利豪情与夏利的价格战剑拔弩张、你来我往，人民群众则像捡便宜一样，欢欢喜喜地涌进吉利经销商的店里抢购吉利豪情汽车、优利欧汽车，吉利汽车的市场迅速打开了。

2006年，吉利汽车全年共销售各类轿车20万辆，其中优利欧汽车累计销售近5万辆，在国内33家轿车企业中销量排名第七，在1.5升经济型轿车排名第二。

李书福说："此前，很多人对3万至5万元的轿车持怀疑态度，认为质量不合格、安全没保证，尤其是一些汽车同行，总是说我们吉利车的质量不行，吉利虽然只卖3.99万元，却一直都卖不动，但当夏利降到3.98万元时，消费者就明白了，原来3万多元的汽车也是有利润的，3万多元也是可以生产出质量不错的汽车的。"

做高端车吉利一号失败了，做低端车豪情汽车、优利欧汽车却成功了，这也坚定了李书福的发展思路：先以低端车夺取市场，再发展高端车。

李书福这个果敢的搅局者、颠覆者，通过研发低端车，一下子就打破了中国汽车售价虚高的棋盘。当年有的夏利每辆卖到13万元，而今天同类同档车每辆才3万多元，还有当年的桑塔纳每辆20多万元，人民群众还要排队购车，现在同类同档车价格只要5万元，吉利汽车横空出世，给人民群众带来了真实惠。人民群众的眼睛是雪亮的，他们用实际行动投票给吉利，推高了吉利汽车的销量。李书福自豪地说："我们生产汽车，把中国汽车价格降了一大截，为用户带来了实惠！"

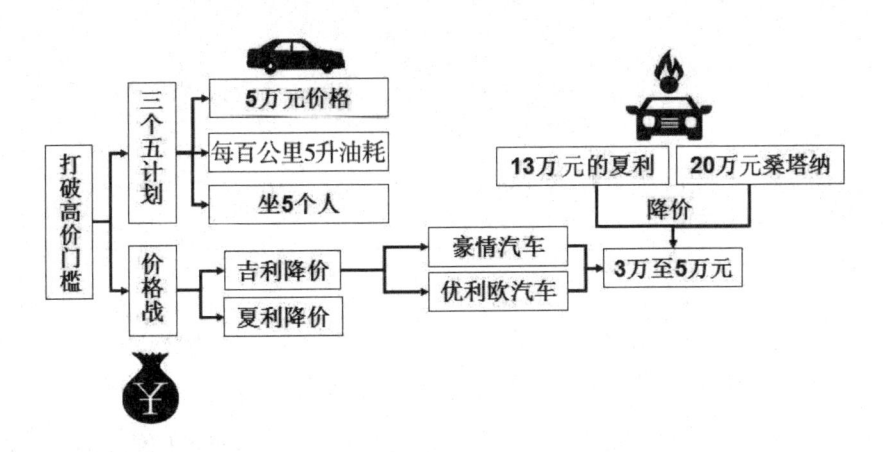

图15　吉利汽车打破高价门槛

在汽车市场里，高端车与廉价车就像森林中的大象与蚂蚁，大象不常见，蚂蚁多的是。高端车消费群体较小，虽然售价很高但无法做到以一抵百、以一抵万。而廉价车的消费群体庞大，虽然售价低，但是销量细水长流，可以通过不断的积累一举超过高端车的营业收入。德国在1936年曾提出一个设想，要生产一种廉价的"大众汽车"、一种只卖990马克的经济型汽车，要让每个德国人都有一辆自己的汽车，就像美国一样。为此，甲壳虫之父——费迪南德·保时捷设计了经典的经济型甲壳虫汽车，最后生产超过了2100万辆，风靡世界70年不败。

4. 首次入围《财富》500强

2011年1月底，春意盎然、年味渐浓，又是一个汽车销售旺季。吉利控股集团董事长李书福通过视频向全国网友发表了新春祝贺。在贺词中，李书福宣布一个豪言壮志："希望把吉利控股集团打造成一个具有国际影响力和全球竞争力、受人尊敬的世界500强企业。"

研发微型轿车

很多国内企业都希望能发展成为世界500强，因为它是美国《财富》杂志每年评选的"全球最大500家公司"的排行榜，是衡量全球大型公司的最著名、最权威的榜单，像沃尔玛、中石化、壳牌、丰田、大众、美孚等大公司经常位居榜单前列。

吉利要冲击世界500强排行榜，要与丰田、大众汽车排排坐，它有这个实力吗？回答是肯定的，经过多年发展，吉利已经做好了实力储备：拥有8个整车制造厂、4个发动机厂、2个变速箱厂、5个零部件工厂、1个吉利国际汽车零配件工业园、4所大学和1个汽车研究院。

吉利要想顺利挤入世界500强，还得靠小型经济车，就像几十万辆的小推车决定淮海战役的胜负一样。在冲榜前，李书福曾经研发一种微型轿车——吉利熊猫。

吉利熊猫汽车采用国内较为少见的仿生学设计，融入了国宝大熊猫的造型元素，整车造型非常圆润，前脸采用大嘴式设计，前大灯组被黑边包围，酷似熊猫的黑眼圈，尾灯设计为类似大熊猫的脚印。

吉利熊猫装载有1.0升和1.3升两种排量发动机，最大功率能够达到63千瓦，动力超群，售价为3万到6万元。

吉利熊猫采用五星安全标准设计，采取承载式球笼形车身结构——前后保险杠及加强梁、整体车身侧围、前后吸能区、车顶和四门防撞钢梁、坚固车顶及车身底部通过焊接形成一个具有较强刚性的球笼形车身，在意外碰撞发生时能最大限度减少对驾乘人员的伤害。因此，吉利熊猫车型也成为中国自主品牌唯一一款五星级安全A00级轿车。

转战大型车

李书福原本信心满满，希望吉利熊猫能够使出"中国功夫"开辟市场，可是销售数据一直上不去。

吉利熊猫上市之后，每月售出几千台，效果并不是很理想。在市场上还需要面对比亚迪F0精品小车的激烈竞争。

既然便宜的微型轿车走不通，那就依据国情、依据人们的消费习惯研发大型车，研发便宜的SUV（运动型多用途汽车）、便宜的MPV（多用途汽车）。就像手机一样，很多中国人喜欢大屏幕、多功能的智能手机，买汽车也一样，需要大空间、丰富配置而且价格要便宜，所以国产车得主打性价比。

为此，吉利先后推出了SUV系列，包括吉利星越、吉利缤越、吉利远景、吉利博越、吉利帝豪；还推出了MPV系列：吉利嘉际。多车型、多级别汽车的集中推出，一举推高了吉利的营业收入。

2012年，《财富》杂志公布世界500强排名，吉利汽车2011年营业收入233亿美元，首次入围《财富》500强。此后，吉利汽车连续多年入围世界500强排行榜，而且排名也不断攀升，成为名副其实的世界500强企业。

创业多艰、战战兢兢，1986年李书福以冰箱配件为起点开始了吉利创业历程，"有条件要上，没有条件创造条件也要上"，经过20多年发展，吉利从无到有、从小到大、从大到强，成为汽车上市公司、世界500强，让当初笑话李书福是"疯子"的人自愧弗如。

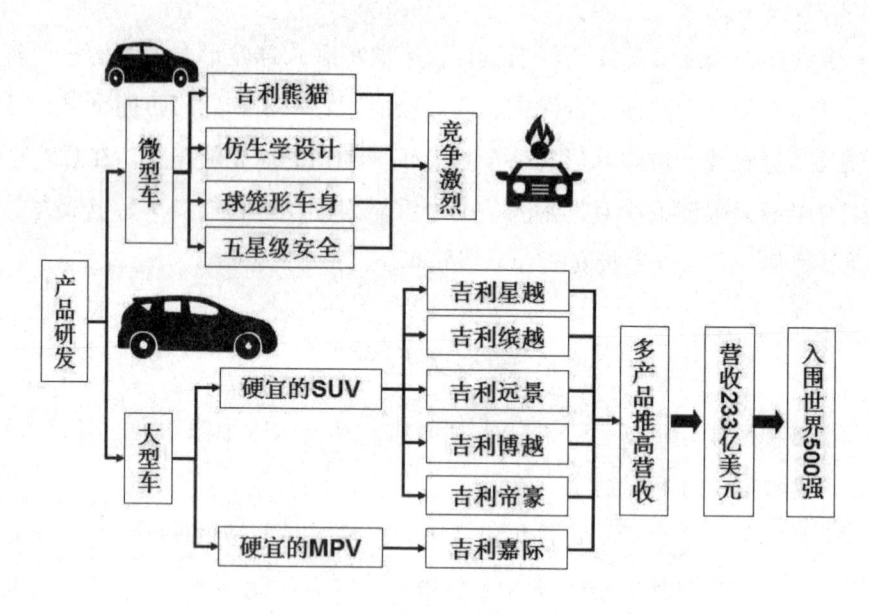

图16　首次入围《财富》500强

路是走出来的，同理，车是造出来的，不是吹出来的，试水仿生学微型轿车——吉利熊猫走不通，那就研发符合国情的、便宜的、大型的、大空间的、丰富配置的SUV和MPV，此举最终让吉利获得更大发展。

仿生学设计和人形化设计，也是现代汽车设计的一个新出路。MG（名爵）之父威廉·莫里斯就是汽车人形化设计的杰出代表。威廉·莫里斯原本是英国伍斯特的自行车修理工，靠着4英镑创办MG，一路发展成为英国知名汽车品牌，并以MG系列敞篷跑车而闻名。刚进军美国时，这种英式跑车销量不尽如人意，莫里斯就对跑车进行人形化设计，让车头五官齐全，每次看到它，就像见到了老朋友一样，给人以亲切感，结果产品深受美国消费者的欢迎。

5．做受人尊敬的全球化企业

2017年11月，深秋的白俄罗斯，天空纯净如洗，暖洋洋的阳光倾洒在街道上，无数的落叶随风飘舞，欧式城堡的上空有鸟儿在飞翔，悠闲的老人在林中漫步，一切都安静而有序……

这个拥有迷人风景的国度，由于复杂的历史原因，居然没有国产轿车品牌。直到有一天，吉利汽车的到来，才有所改变。

白俄罗斯圆造车梦

时光倒流至20世纪20年代的苏联时期，当时苏联是一个联邦制国家，拥有俄罗斯联邦、乌克兰、白俄罗斯、南高加索联邦等众多加盟共和国。当时苏联的工业体系实行分工制，白俄罗斯是重型载货车生产基地。1991年苏联解体后，白俄罗斯独立，但他们的工业基础只能生产载货汽车，无法生产现代化轿车。满大街上跑的车，绝大部分是来自俄罗斯、德国、意大利等国的二手车。

美国福特、德国大众也想乘虚而入，来白俄罗斯投资建厂，但因为给出的条件苛刻而流产。白俄罗斯总统卢卡申科也向全球各大车企表达自己的想法："我们需要有一个能够帮助我们的国家，依靠该国技术结合我们自己的技术，共同生产出价格适中的国民车。"

白俄罗斯总统想要合作造车，而不愿意让白俄罗斯成为他国汽车品牌的倾销地。随着中国"一带一路"建设的推进，吉利汽车踏上白俄罗斯的土地。

2017年11月17日这一天，中国和白俄罗斯联合举办了吉利（白俄罗斯）汽车有限公司（简称"白俄吉"）新工厂落成典礼，同期首辆白俄产 GeelyAtlas（博越）也正式下线。这让很多白俄罗斯人看到了"国产车的希望"，如今吉利走出国门，在白俄罗斯投资建厂，真正帮助白俄罗斯实现了他们生产国民车的梦想！

在白俄吉落成典礼上，白俄罗斯总统卢卡申科激动地说："我曾经梦想，什么时候白俄罗斯也能生产自己的轿车。我的梦想——制造白俄罗斯产轿车的梦想在中国的帮助下实现了。"

总统也做"推销员"

吉利汽车之所以能顺利进入白俄罗斯，是因为白俄罗斯没有现代化的汽车工业，他们急需外部力量帮助改造，他们通过调研，发现来自中国的吉利居然从美国福特手中收购沃尔沃汽车，在国际上的影响越来越大，所以他们选择了吉利。

在落成典礼当天，白俄罗斯总统特意试乘了刚下线的白俄罗斯产GeelyAtlas（博越），对新车赞不绝口。吉利集团还赠送给总统一台象征中白友谊的帝豪EV300电动车。吉利给白俄罗斯民众造博越传统燃油SUV，而给总统送帝豪纯电动车，这表明吉利强大的制造能力，不论是传统燃油车还是纯电动车都可以造，总有一款白俄罗斯人民会喜欢！

白俄吉工厂占地118公顷，规划产能每年6万辆，拥有现代化的生产线，具备涂装、焊装、总装全套工艺及辅助设施。在合作中，吉利给白俄罗斯带来了资金、设备与技术，并且帮助培养一批汽车产业工人，这些产业工人为白俄罗斯制造国产车埋下了种子。

目前，白俄吉制造汽车的配件有31%来自当地市场白俄罗斯，特别是发动机、轮胎和蓄电池。新工厂解决了不少本地人的就业，也创造了较高的税收收入。

在试乘吉利帝豪电动车后不久，白俄罗斯总统卢卡申科就喜欢上了电动汽车，"既不用加油，动力还很强，续航能力也不赖"，所以建议新工厂也要制造电动车！卢卡申科说："我们启动了新产能，同时还要造电动汽车。我对中国人满怀希望，希望他们在吉利工厂与我们合作制造电动汽车。我试驾了吉利电动汽车，感觉很好，我们也要制造。"

至于销量方面，白俄罗斯总统也甘当"推销员"，他表示官员们将首先换乘吉利汽车，然后有计划、有步骤地打通面向普通民众的销路。

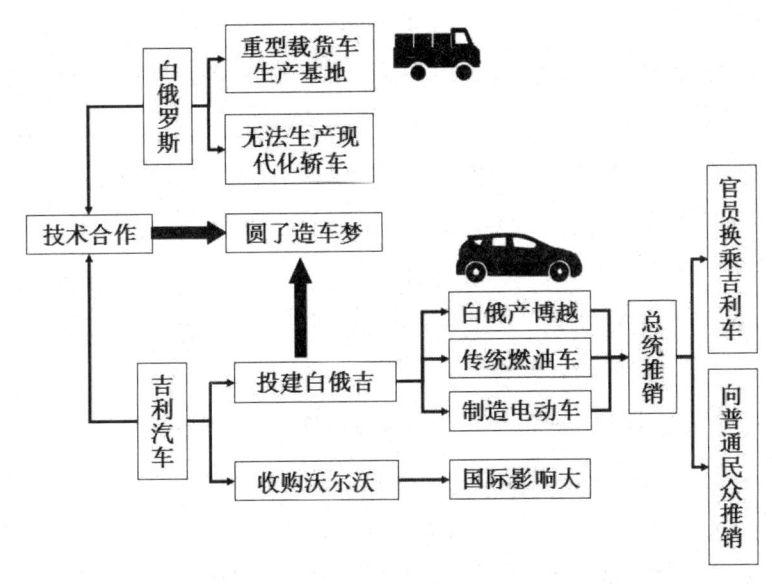

图17　吉利帮助白俄罗斯圆造车梦

吉利有一个大目标，那就是向受人尊敬的全球汽车十强企业挺近。民营车企要想做成受人尊敬的全球化企业，就要大胆走出国门、诚心帮助希望得到帮助的国家和地区发展他们的汽车工业。李书福曾经写过这样一幅字：各美其美，美人之美，美美与共，天下大同。李书福说："到哪个国家发展，你就要遵守哪个国家的法律。在和各个国家打交道的过程中，还要考虑周边相关利益。吉利既要说得漂亮，也要干得漂亮。"

中国中车主要从事铁路机车车辆、动车组、城市轨道交通车辆和各类工程机械的研发，在近几年的国际化征程中，他们也提出"打造受人尊敬的国际化公司"的目标。可见,中国部分企业已经牢固树立人类命运共同体的意识，通过技术输出、品牌输出，与世界人民相互尊重、和平发展、共同繁荣。

成长图谱 3 如何制定目标

1. **将目标数量化、标序化、时间化**。目标本质上是一种意识的东西，需要把它数量化、标序化、时间化，形成一张摸得着、看得见的目标图表，才能指导我们行动。就像李书福制定的目标那样有数字、有时间：2005年吉利轿车产销量达到30万辆，2010年达到100万辆，2015年达到200万辆！

2. **善于借助外力实现目标**。有时候通过一己之力无法完成目标，就要借助外脑、外部力量来实现，就像李书福那样自己在内地借壳上市不成功，就寻求资本高手的帮助在香港借壳上市。

3. **每个目标节点要做到极致**。目标要高于现实的情况才能激发人们的斗志，每个目标节点的设计一定要做到极致。如李书福研发5万元的经济汽车，就要求做到"5万元、每百公里5升油耗、坐5个人"。

4. **拆解短期目标、长期目标**。1万元由100张100元钞票积累出来，长期目标由无数个短期目标来完成，就像李书福那样先实现上市，再实现入围世界500强。

5. **创造条件努力去实现**。"有志之人立长志，无志之人常立志"，目标制定出来之后，要创造条件努力去实现，不要让目标落空，就像李书福那样想让吉利发展成为"受人尊敬的全球化企业"，就大胆走出国门，去帮助白俄罗斯造国民车，既要说得漂亮，也要干得漂亮。

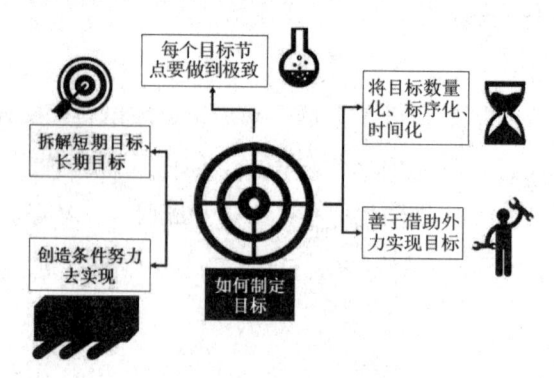

图18 成长图谱：如何制定目标

第4章

发展哲学：发展就是创新创业，大胆实践，不断转型升级

> 吉利的发展史就是创新、创业，大胆实践，不断转型升级的成长史，就是不断为用户带来获得感的奋斗史。
>
> ——李书福

1. 先办技校培养产业工人，再培养工程师、设计师

2005年12月的一天，掌声响起来、音乐奏起来，"吉利未来人才基金"助学工程正式启动，来自全国各地35名受助贫困学生集体上台，大声宣读誓言："今天吉利助我成就学业，明天我为吉利创造辉煌……"

李书福听完十分感动，李书福自己高中没毕业就出来创业，吃了很多苦、受了很多难，现在吉利大造汽车，没有人才储备是万万不能的。李书福勉励贫困学生说："贫困是一种财富，一个人没有坎坷曲折是成不了才的。只有通过自己的奋斗、搏斗，实现自己的理想，人生才有意思！"

招工之痛

吉利未来人才基金是一项面向国内贫困学生的助学专项基金，资助优秀的贫困生读完大学。该基金不仅圆了贫困学生的大学梦，而且他们毕业后还可以进入吉利集团工作，也可以自由择业。

李书福之所以这么爱惜这些人才，是因为自己作为老板也经历过招工之痛。普通的汽车制造需要组装2万多个零部件，既需要敬业的、高技能的技师做基础工作，同时也需要大量的研发工程师进行技术研发。

李书福之前是造摩托车的，在造汽车之前，他曾经翻遍摩托车厂员工的档案，发现只有3个人是汽车厂来的钣金工。李书福就靠这3个人，连他自己在内共4个人，就组成了汽车研发团队，开始了艰难的造车之路。李书福从模仿到创新，从制造两厢车到三厢车，从研发低端车到高端车，发现汽车制造工艺越来越复杂，不招一些专业的人才是不行了。

吉利没有人才，只能先挖人。有一年，李书福先后从其他车企挖走100多名技术人员，还招聘了很多大学生做生产流水线工人。

此外，李书福还跟杭州一些大学合作，提供1000多万元的奖学金打算借

助现有学校的力量为吉利培养人才。等到毕业季，李书福从这些资助的学校当中招聘60多名大学生，原本以为能把他们培养成为公司发展的后备军，可没想到这些受过高等教育的大学生心高气傲，大多都不愿意从基层干起，觉得终日焊接、拧螺帽那是大材小用。大学生们没有坚持半年，纷纷以各种各样理由离开，只有一个人留下来。

李书福说："从前，我们从不同的学校招了一些大学毕业生，但不是很满意。所以我们就下决心，自己办学校。"

自己办学校

借助现有的学校培养不出吉利想要的人才，那就自己办学校培养。怎么办学校？李书福组成了一个教育考察团，到美国哈佛大学、麻省理工学院、斯坦福大学等世界名校考察。李书福还调研众多百年汽车品牌，发现像奔驰、宝马、奥迪、标致、雷诺、福特、通用、丰田等大公司，大多拥有自己的培训基地、学院或技校来培养适合自己公司运作的专业人才。

正是一代又一代的人才，推动了"百年汽车品牌"的车轮不断向前滚动，不会因为时间的推移、人才的缺失而垮掉。

访美考察结束后，李书福决定办学校了。1998年8月，经浙江省教委批准，吉利集团在台州临海创办了第一所民办高校，也是浙江省第一所民办高校——浙江经济管理专修学院，后来改为浙江汽车职业技术学院。

该学院属于专科层次的全日制民办普通高等职业院校，实行工学结合、校企合作的人才培养模式，开设有汽车、机械设计制造、自动化等多个专业。

李书福说："今天，吉利汽车已经在全球范围内拥有六个汽车品牌，产业已经遍布全球，但我们不会忘记吉利出发的地方——台州临海。当年，我们正是在这里先办技师技工学校，培养产业工人，再培养自己的工程师、设计师，为造车打基础。"

2000年李书福又在北京创办了北京吉利学院（又称吉利大学），该学院属于一所全日制普通本科高等院校，下设汽车工程学院、商学院、人文与设计学院、欧美国际学院等二级学院，开设车辆工程、汽车服务工程、机械设计制造及其自动化、计算机科学与技术（网络互联网技术方向、移动应用技术方向）、物联网工程（车联网方向）等专业。

李书福说："社会需要怎样的人才，吉利大学就培养这样的人才。"为此，该学院提出了："理论够用、实践为重、科技创新、人格本位"的全新教育理念。

如今，吉利旗下已经有多家院校，涵盖从中专、大专、本科，再到硕士、博士的所有办学层次，每年向社会输出大批汽车工程人才，为振兴中国汽车工业作出了巨大贡献。

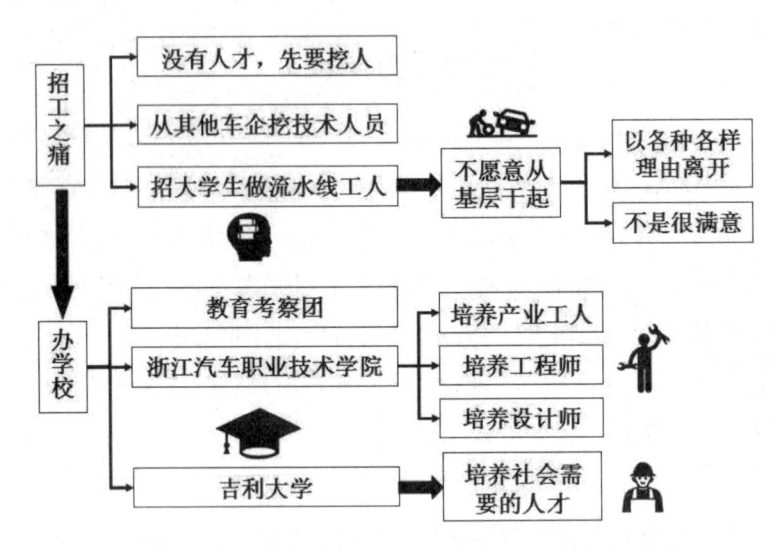

图19　吉利汽车办学校培养工人

百年大计，教育为本。除李书福之外，李嘉诚也办教育，他在汕头创办了汕头大学，涵盖八大学科门类：经济学、法学、文学、理学、工学、医学、管理学、艺术学，为社会培养了大批多层次人才。还有丰田，他们也创办学校，不过与李书福"办学校兴教育"有所不同，丰田办学校是为了"挖掘汽车用户对汽车的潜在需求"。日本丰田汽车销售公司的神谷正太郎，被同行们誉为"销售机器"，他的营销思想就是千方百计挖掘社会任何一个角落的购买力。他把扩大投资、积极开发未来社会对汽车的需求作为突破口，在1957年创办汽车修配学校，为经销商提供人才。后来，他又如法炮制，成立了东京立川日本汽车学校、丰田半旧汽车销售公司等。神谷正太郎认为有了汽车学校，就可以把一代又一代年轻人与车联系起来，总有一天他们会买车的。

2. 从低端走向高端，从价格优势走向技术领先

有一天，一位车主兴致勃勃地从经销商那里提走一部国产车，过上了梦想的有车的生活。没想到没车还好，有车却让自己狼狈不堪。车主开车上个长坡，要调为低速挡、踩油门，可是汽车动力不足，上到一半就往后退。还有下雨天的时候，汽车四个车门的密封做得不好，雨点会飘进来，只好常备一把伞免得湿身。还有晚上会车时，车主要开个近光灯，经常只亮一边不亮另一边，害得不敢乱转弯，只能直着开、一条路走到黑……

让人失望的国产车

郁闷的车主终于咆哮："以后永远不买国产车了，上坡要推，雨天撑伞，晚上独眼龙。"

国产车起步晚，与德美日韩汽车强国相比，汽车制造技术还比较落后，所以造出来的车一开始没问题，但开久了就会暴露很多问题。因为这个缘故，很多国内消费者虽然也想支持国货，但是在最后付款那一刻却买了日系车，因为那样做省心又省事。正常来说，日系车虽然贵一些，但是它们节油、做工精细，还开不坏。

当年，吉利研发小型经济车四处打价格战，有些车型出现一些小毛病，用户反响不好，经销商也抱怨，媒体也质疑："国产车的自信哪里去了？"

市场反馈的信息很快传到李书福的耳朵里，李书福经过反思，坚定了转型的决心："所有汽车公司的发展都有一个共同点，就是从低端走向高端，从价格优势走向技术领先，面对消费升级，唯有向上发展。"

2007年吉利汽车与众多经销商联合发布了《宁波宣言》，放弃价格战，开始打技术战、品质战、品牌战、服务战、企业道德战，开始向"技术先进、

品质可靠、服务满意、全面领先"转型。

吉利汽车的转型迅速落实到产品加速迭代、子品牌拓展和研发先进技术三个方面。

在产品上，吉利汽车研发出技术上更先进的自由舰、金刚、远景"新三样"取代了早期的豪情、美日、优利欧"老三样"；在品牌上，吉利汽车推出全球鹰、帝豪、英伦三大子品牌，供不同层次的用户选择；在研发上，吉利汽车建起了先进的整车、发动机、变速箱等产品和核心零部件的研发体系，掌握了爆胎监测与安全控制系统等一批新技术，80%以上的吉利汽车达到C～NCAP碰撞五星级安全标准。

国产车的耀眼明星

2007年美国发生次贷危机，房地产泡沫与互联网泡沫联合并发摧毁了实体经济，美国金融危机爆发并全球蔓延，给世界经济带来严重影响。受此影响，2007～2009年国内消费者购买能力下降，大宗消费热情不高，很多车企纷纷降价促销。

这时候，李书福反其道而行之，推出了吉利首款商务级的家用轿车、高端品牌吉利远景，售价3万至7万元。吉利远景可以说是自主品牌、国产车的骄傲。

在动力方面,吉利远景搭载吉利全新具有完全自主知识产权的1.8L和1.5L CVVT全铝发动机，拥有109马力，上坡加速毫无压力。

在密封方面，吉利远景通过总计500万公里风雨兼程的性能和可靠性测试，包括"三高"环境及路况测试、零下40℃到80℃宽泛温度区间的性能测试，以及多种路况的试验场地路况测试，不再担心雨天漏水的问题。

在外观方面,吉利远景采用长轴距、大车身的均衡先进的整体化布局理念，高亮度四圆灯式氙气前大灯，采用LED组合式尾灯，再不用担心晚上行车的问题。

在安全方面，吉利远景采用最新安全车身，是国内首款全面通过NCPA

碰撞试验的自主品牌轿车。NCAP（新车碰撞测试）是最能考验汽车安全性的测试，其测试包括正面和侧面碰撞两部分，正面碰撞速度为64公里/小时，侧面碰撞速度为50公里/小时。测试的成绩用五个星级表示，星级越高表示该车的碰撞安全性能越好。

在经济危机中，吉利远景以物美价廉的强劲优势，销量逆势上扬，一举成为汽车行业中的耀眼明星。2007年，吉利远景荣获"自主创新技术领先奖"。2008年，远景成为2008中国消费者最喜爱自主品牌车型。

对于吉利远景的高端之处，李书福解释说："安全性、动力性、经济性、环保性，还有乘坐的舒适性，汽车通常就是用这五个指标来衡量。吉利远景的发动机，在功率、油耗、振动噪音、重量体质、采用的材料、可靠性、耐久性等各方面的指标测试，它都是世界先进、中国领先。还有它操纵的稳定性，当你在高速行驶的时候或前面出现障碍物时，不会产生操控状态的风险。吉利远景在这方面的调效和设计、控制都是世界先进水平的。"

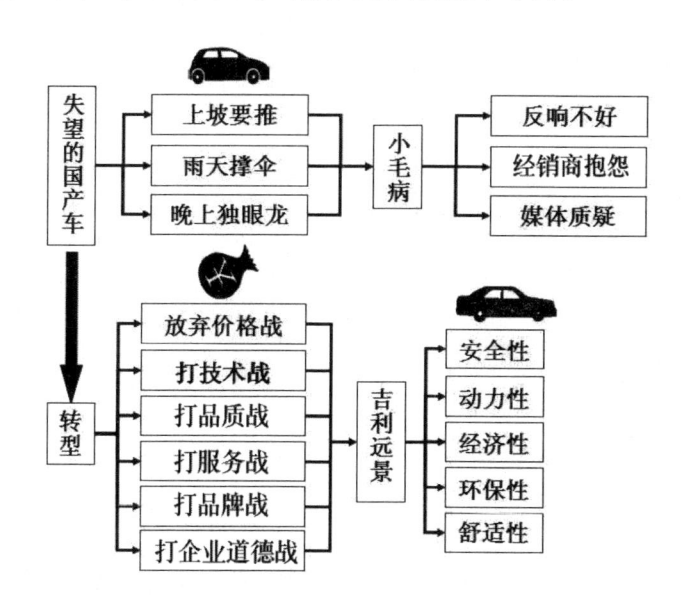

图20　放弃价格战，加速转型

在全球化经济环境，商品不需要用爱国主义来绑架，哪家的产品好消费者就买谁的，并形成固定的消费习惯。李书福在经济危机时推出高性价比的吉利远景，更懂要省钱省心的消费者，所以大获成功。国产车唯有自强不息，研发符合国情、满足中国市场需求的汽车产品，才能获得民众的心。

3. 精品车战略：以市场为导向，以用户为中心

2014年，在北京奥林匹克公园内，蓝色的水立方正向世界展示它独特的"膜结构"。这些膜根据细胞排列形式和肥皂泡天然结构设计而成，由3万多个钢质构件通过三维坐标设计而成，没有一个膜是相同的，就像每一片叶子一样有自己的独特性。

水立方代表中国建筑的又一奇迹，是我国自主创新的科技成果。民族自主汽车品牌吉利决定在水立方发布精品车战略具有划时代的意义。

以用户为中心

2014年吉利汽车在北京水立方发布了"造每个人的精品车"的品牌使命，坚持走"市场为导向、用户为中心、产品为竞争手段"的精品车发展战略。

以经济车发展壮大的吉利，如何发展精品车？主要靠这三招：一是全球合力研发，二是自动化制造工艺，三是全球联合采购零部件。

在研发方面，吉利在全球有多个研发中心，包括国内的杭州临江、宁波杭州湾以及国外的哥德堡和考文垂等，他们主要是做一些前瞻性的创意开发，以及对当地市场需求的了解和掌握。

在制造方面，李书福把原来生产豪情汽车、美日汽车的工厂推倒重建，打造现代化工厂，在装配、制造工艺、模具、检具等方面均达到国际一流水平。新工厂采用自动化、智能化制造，可以柔性生产，不论是传统能源汽车、油电混动汽车、插电混动汽车，还是纯电动汽车都可以在同一条生产线上生产。

在采购方面，吉利和沃尔沃在全球范围内进行联合采购，吉利按照沃尔沃的标准去采购，吉利的零部件质量水平也要达到沃尔沃的标准。这样做，既有了量的基础，也可以做好成本控制。

此外,"造每个人的精品车"还强调以用户为中心进行个性化改进。吉利的反应机制是非常灵活的,新的车型或者新的功能系统推向市场之后,如果经销商、用户说这个东西需要改进,吉利汽马上召回进行造型改进与研发,这个反应周期是非常短的。这种灵活机动的做法和合资企业有所不同,合资企业一般是"一部车型一经推出就要销售好几年"。

用户口碑的基石

通过精品车战略,吉利在全球范围收获了 700 多万用户,这些用户既是吉利最宝贵的资产,也是企业发展的基石。

在互联网时代,车联网、汽车智能终端技术方兴未艾。很多年轻人已习惯使用智能手机,对于车联网、智能汽车的接受度很高。有车联网功能的汽车无疑是销售的一个新卖点,车联网通过在车辆仪表台安装车载终端设备,可以实现对车辆所有工作情况和静、动态信息的采集、存储并发送,车主可以利用移动网络实现人车交互。

吉利汽车顺势而为、勇于创新、把脉用户需求,推出好看、好开、智能的互联精品车吉利博越 SUV。它在外形设计、驾驶驾控、智能系统等方面处处显示出精品车的风范。在智能系统方面,吉利博越搭载有"你好博越"智能语音交互,是一款"会说话的 SUV",并支持 IOS、安卓智能互联等功能。

它还是一款会智能刹车的 SUV,是首款配备城市预碰撞安全系统的中国品牌 SUV。在突遇前车减速或急停的情况下,该系统会在距离碰撞前 1.5 秒进行点刹报警,在距离碰撞 1 秒时自动刹车,保护车内人员安全。

2016 年吉利博越 SUV 重装上市,售价 7 万到 15 万元,上市 29 个月后累计销量高达 60 万辆,迅速成为汽车界的"网红"。

李书福说:"吉利汽车最为关键的转折点有两次:第一次是 2007 年发布了《宁波宣言》,放弃价格战,开始打技术战、品质战、品牌战、服务战、企业道德战;第二次是 2014 年在北京水立方发布了'造每个人的精品车'的品牌使命,坚持走'市场为导向、用户为中心、产品为竞争手段'的精品车发展战略。基于这两次转型升级，我们取得了一定成效，在中国汽车品牌之林占有了一席之地。"

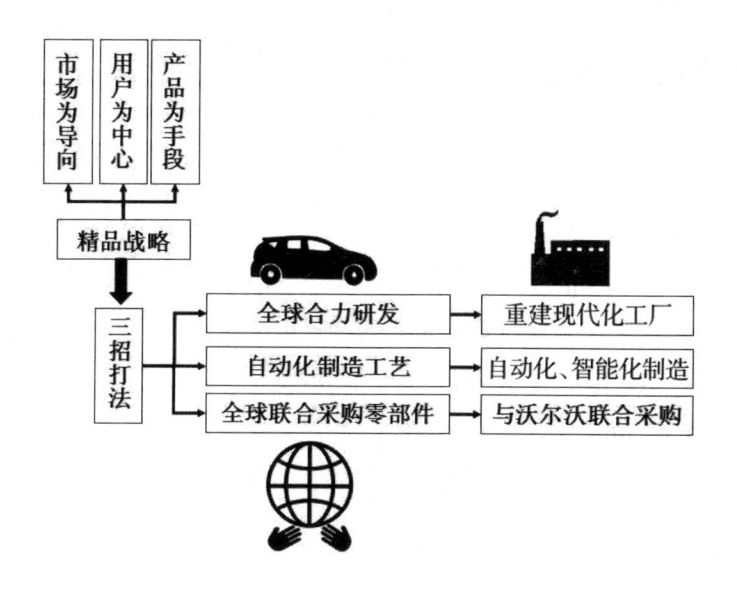

图21 精品车战略

吉利汽车以用户为中心，依据年轻消费者的特点推出智能互联精品车，大获成功。本田也有类似的杰作，他们以用户为中心研发各种个性化汽车，还将男性用户与女性用户区别对待。本田曾经推出一款本田N～ONE优雅的小车，以满足追求个性化风格的女性买家。优雅女性配优雅本田N～ONE，正好合适。由于市场上针对女性买家设计的车型较少，所以本田N～ONE一举俘获无数女性的心。

4. 由传统研发生产模式向生态圈竞争转变

池塘是一个生态系统，大出行服务也可以成为一个生态系统。生态系统是由生物群落与无机环境构成的统一整体，而大出行服务就是将汽车产业、租车产业、网约车、共享汽车、无人驾驶产业、智慧穿梭巴士、导航地图等上中游产业整合起来形成一个生态圈，"一损俱损，一荣俱荣"。

投资大出行生态圈

2019年，吉利集团正式更名为吉利科技集团，由传统研发生产模式向生态圈竞争转变。吉利科技集团定位于大出行生态领域产业投资商与运营商，聚焦于大出行生态领域的产业投资，加紧布局新能源、出行服务、未来出行、线上生活和未来科技等产业。

汽车制造，可以说是大出行服务中的一个重要环节，可以为出行提供精品车，但并不代表全部，就像池塘里的鱼。在生态圈里，有了车、有了鱼，还得有食物链，如"藻类→小虾→小鱼→大鱼"这样一条食物链。这样处于低端的藻类生生不息，而处于顶端的大鱼才会成群结队。

李书福说："现在，吉利迎来了转型升级高质量发展的第三阶段。现阶段的行业竞争已经由传统研发生产模式向生态圈竞争转变，这将是一场世界性、历史性的变革，挑战前所未有。为此我们已经提前做了一系列的部署，成立了吉利科技集团，与腾讯、中国铁路投资有限公司、中国航天科工、中国电信等企业展开战略合作，共同探索出行服务、高速飞行列车、工业互联网、5G等前沿技术的合作。"

吉客智能生态系统

2018年11月，吉利科技集团与中国航天科工签署战略合作协议，双方在高速飞行列车、工业互联网等领域展开合作，共同推动技术发展及技术转化。

2018年11月，吉利科技集团与中国电信签署协议，双方在企业信息化建设、车家互联网、云计算和大数据等领域开展合作，共同打造新一代车家互联网业务模式，共同探索前沿技术在智能汽车领域的应用，共同构建智慧立体化出行生态。

可见，吉利不只造车，还构建出行生态系统。目前，吉利科技集团旗下子公司包括曹操出行、小灵狗出行、左中右微公交、钱江摩托、国铁吉讯、太力飞行汽车、易保科技、吉利商旅等。

2018年，吉利汽车发布了一款吉客智能生态系统（GKUI），该系统是吉利汽车携手互联网、大数据、人工智能等领域的合作伙伴，打造的一个开放、共享的车联网平台。该系统为"全出行场景"提供智能解决方案，拥有地图导航、社交、音乐播放、娱乐广播、居家遥控等功能。2018款吉利博越就搭载了这款全新生态系统，让很多车主开车的同时还能享受很多附加服务。

李书福说："现在，汽车产业迎来了高质量发展的新阶段——由传统研发生产模式向生态圈竞争转变。大数据和互联网将重构汽车产业链和生态圈，更高效、更个性化的设计与制造，高度智能化的操作系统，实时交互的车联网生态，将在未来成为汽车技术发展的新常态。这一切，都要从消费者的需求出发。"

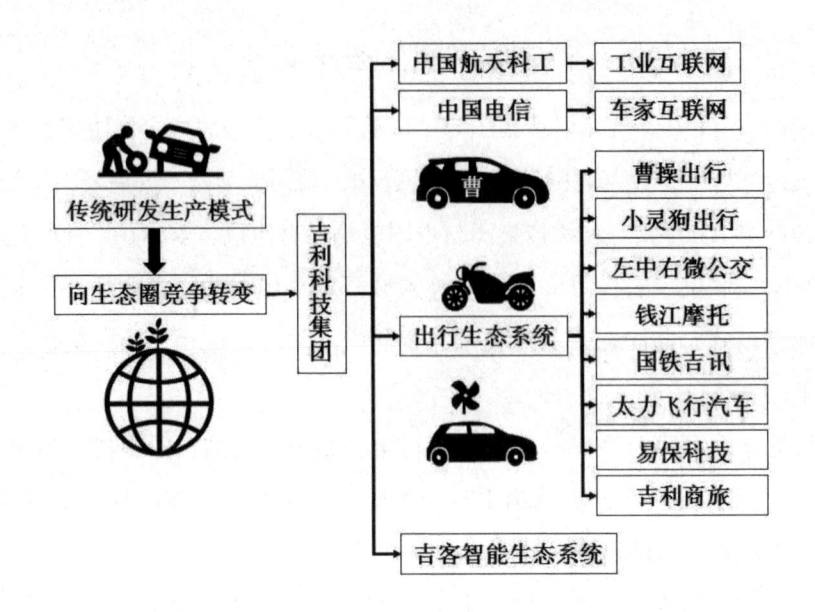

图22　投资大出行生态圈

　　李书福投资大出行生态圈，并与其他机构合作研发吉客智能生态系统，都是以吉利汽车稳健的营业收入作为基础。众所周知，投资大出行生态圈，需要大量的资金，如果全面开花、没有控制好收支平衡的话，可能也会落败。所以，最好做一个盈利一个，才能做第二个，步步为营。贾跃亭于2004年创办乐视，致力打造基于视频产业、内容产业和智能终端的"平台＋内容＋终端＋应用"完整生态系统，被业界称为"乐视模式"。后来，由于扩张太快，发展形势急转直下。2017年，乐视网巨亏16亿元，7年内盈利几乎全亏完了。

5．为生态文明建设、汽车产业可持续发展贡献力量

2017年11月，在中国国际商用车及零部件展览会上，有一个大块头重型卡车引起人们的注意，而且这个重型卡车居然不是烧油的，而是烧甲醇！它就是吉利M100甲醇重卡，是国内首款、全球首款甲醇重卡。

在中国重卡市场，几乎是中国一汽、东风汽车、中国重汽的天下，他们生产的柴油重卡外形霸气、动力强劲、长途拉货有种"排山倒海"的气势。现在吉利研发甲醇重卡，势将引发重卡市场的惊涛骇浪，因为甲醇重卡比柴油重卡出行成本更低。

研发甲醇重卡

为了研发甲醇重卡，李书福曾经前往北大西洋岛国冰岛，用4550万美元的投资，换得了冰岛碳循环国际公司的股东身份。该公司拥有先进的甲醇制取技术，他们可以利用空气中的二氧化碳制取甲醇，空气中的二氧化碳取之不尽、用之不竭，所以甲醇制取成本超级低。

还有，甲醇在燃烧以后产生的是二氧化碳和水，是没有毒、没有污染的。而传统重卡在柴油充分燃烧时产生二氧化碳和水，在不充分燃烧时还会生成一氧化碳、烟尘、氮氧化合物等物质，容易污染大气。将柴机重卡改为甲醇重卡完全可以实现节能、减排和大幅度降低营运成本的最终目的。

实践证明，纯电动车重卡是行不通的，唯有甲醇重卡才是王道。有车企曾经研发出一些纯电动重型卡车，结果自身携带的纯电动电池太重，将近10吨，再加上载着几十吨的货物，跑不到150公里就跑不动了，根本满足不了1000公里以上的长途重卡的续航要求。李书福说："我不反对发展电动汽车，但电动汽车适用于在城市内部发展，长距离应当以甲醇汽车来代替传统汽柴油车。"

生态文明建设

为了解决这个痛点,吉利甲醇重卡采用的是吉利研发的 M100 重卡发动机,该发动机排量为 12.54L,额定功率为 301kW(约为 410 马力),配备有 600 + 720L 的甲醇储存箱,保证充足的续航里程。可见,马力强劲 + 大储存箱 = 吉利甲醇重卡,让喜欢重卡的车主纵横驰骋,一路狂飙,毫无压力。

早在 2005 年,吉利就开始研究甲醇汽车,相继攻克了防腐蚀、冷启动、溶胀性、甲醇燃烧技术等难题,并围绕甲醇汽车耐醇腐蚀性、甲醇供给、低温冷启动等关键技术进行持续改进。经过十几年的研发,吉利在甲醇发动机与甲醇汽车方面已经拥有 50 多项专利,具备完整的甲醇汽车自主知识产权。

2012 年 12 月,吉利汽车成为国内首家获得甲醇车生产资质的企业。2014 年,吉利投资 56 亿元在贵阳建设甲醇整车汽车制造基地,年产能达 10 万辆,该项目对于促进我国汽车工业转型升级、加快生态文明建设具有重要意义。

吉利甲醇重卡市场指导价为 30 万元左右,虽然购置成本同柴油重卡相差不大,但日常出行成本将大大降低。燃烧甲醇的重卡百公里成本不到相同动力柴油重卡的 85%。

如果有一天,国内所有重卡都改用甲醇重卡,这对于减少大气污染、治理城市雾霾、推动生态文明建设具有战略性意义。

在 2017 年全国两会期间,全国政协委员、吉利控股集团董事长李书福曾经提交了一份名为《加快在全国推广甲醇汽车、发展甲醇替代燃料》的提案。他表示,国家可以根据我国能源结构和市场现状,加快推广甲醇汽车,走能源多元化道路,以缓解能源安全挑战并改善环境质量。

对于建设生态文明、实现美丽中国梦这一时代主题,李书福说:"我们一定要在创新研发、人才培养方面继续加大投入;一定要在精准扶贫、能源可再生利用、汽车电动化技术、线上数字科技及车载芯片研发等方面有所作为;一定要为生态文明建设、汽车产业可持续发展积极贡献力量;一定要在上下游产业链的合规制度建设、员工合法权益保护、增加更多就业岗位等方面有所作为。"

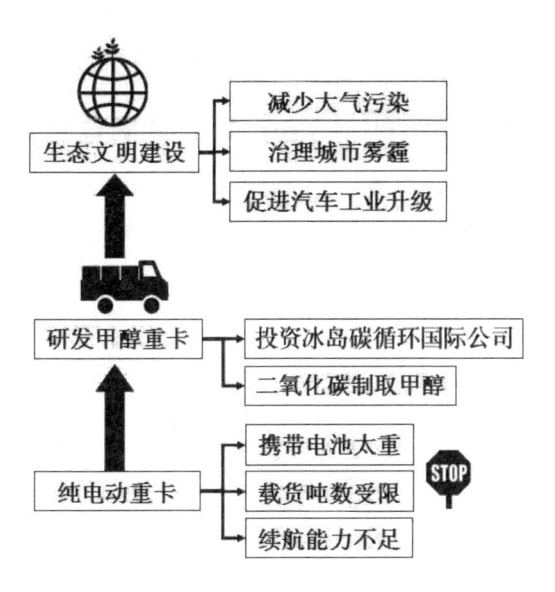

图23　研发甲醇重卡

　　纯电动汽车、甲醇汽车、太阳能汽车代表中国新能源纯电动车的崛起，倒逼传统燃油企业不得不转型升级。传统车企要么转型求生，要么被无情淘汰。相比传统燃油车，太阳能汽车是真正的零排放。2016年，汉能集团曾经发布了四款太阳能电动车，这些太阳能汽车不用加油、不用充电，而是利用薄膜发电技术发电直接转化成为汽车的动力。薄膜发电技术在充足光照下5～6小时，就可以发电8～10度，日均可行驶80～100公里。加上自身的蓄电池最大续航里程可以达到350公里。现在的纯充电的汽车续航也就是300～400多公里，而且太阳能汽车可以完全摆脱对充电桩的依赖。

成长图谱 4 怎样发展自我

1. **从零做起，脚踏实地**。欲成大业，必须先从零做起、从小事做起，脚踏实地，不要追求过高、过远的目标。像李书福造车时，没有人才，就办学校慢慢培养，一步一步实现梦想。

2. **从低到高，每天精进一点**。只要每天进步一点点，一年的进步相当可观。李书福造车，先从低端小型经济车入手，先模仿再创新，一点点地改进，最后才进军大型高端车。

3. **找个好师傅，努力学习**。成功需要一个好的老师，要努力学习别人的长处、别人的经验。就像李书福在研发甲醇重卡，就去冰岛拜师求艺，学习别人家怎么利用空气中的二氧化碳制取甲醇。

4. **参与竞争，激发上进心**。没有竞争就没有活力，所以不要害怕竞争。像李书福那样，从单品竞争发展到技术竞争，再发展到生态圈竞争，企业越发展壮大，所面临的竞争就越大。

5. **接受意见，完善自己**。人无完人，在发展自我中难免会犯错、走弯路。这时要虚心接受别人的意见，不断调校自己、完善自己。李书福研发的小型经济车一开始打价格战，后来发现越打价格战汽车价格越低，最终从价格优势向技术领先转型。

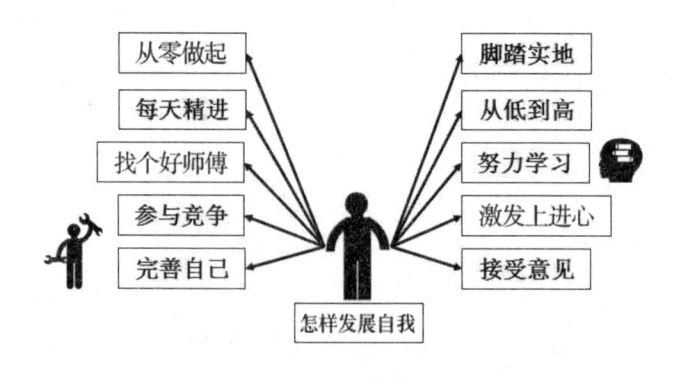

图24 成长图谱：怎样发展自我

第5章

梦想哲学：让中国汽车跑遍全世界

> 做事情必须认准一个方向，坚定一个信念，提炼一种精神，凝聚一股力量，完成一个使命。
>
> ——李书福

1. 我的梦想就是为老百姓造买得起的好车

有一天，李书福来北京出差，顺便去一家下属企业视察，事先并没有打任何招呼，也没带名片。当时，李书福身着工作服、头戴安全帽，俨然像个民工一样行动如风地走进公司大厦。没想到，他却被保安拦住了，因为这座大厦谢绝民工随便出入，很明显保安把亿万富翁李书福当成民工了。后来，李书福跟他解释说要去视察下属企业，保安才半信半疑地给他放行。

生活方面要节约

虽然，李书福掌控着1000多亿港元市值的吉利汽车，但是在个人生活上，却很节俭，经常穿着普通的皮鞋、几百元的西装出入各种场合。

在浙江杭州吉利总部，人们经常看到穿着吉利工作服的李书福在公司食堂就餐，并且亲自排队，没有享受一点领导的额外特权。食堂做什么菜，他就吃什么菜，既不讲究，也不强求。

有一次，李书福发现有些员工倒掉的剩饭剩菜也很多。于是，他就带头要求职工做到碗光、桌光、地光、残渣入盘成堆，简称"三光一堆"。

李书福早已功成名就了，为什么生活却这么节俭呢？李书福解释说："吉利一直倡导'为老百姓造买得起的好车'，反对汽车暴利。那么，在生活方面节约点，这些费用没有转移到汽车成本上，汽车价格不就下来了嘛。"

下面我们来讲讲吉利十年热销的车型——吉利金刚。

吉利金刚是"为老百姓造买得起的好车"的经典代表，所以一直在市面上销售，每年都不断升级改进，并没有像美人豹国民跑车那样落入停售的命运。

2019年款的吉利金刚，售价在4万到6万元，外形设计更加时尚。湛黑的回纹式进气格栅、钻石造型前灯、双C造型的尾灯、车身各种简洁而充满张力的线条，还有前低后高的斜角动态轴线车身设计，给人一种向前俯冲的姿态，整个车子动感华美，深受年轻人的喜欢。因为4万元左右的吉利金刚，正是年轻人可以消费得起的好车。

物美价廉的吉利金刚

吉利金刚搭载吉利自主研发的1.5L DVVT自然吸气发动机，最大输出功率为102马力，最高时速可达165公里每小时，跑高速无问题（我国高速公路最高不超过120公里每小时）。吉利金刚的燃油经济性非常好，100百公里综合油耗仅为6L左右，算算油价，跑100公里才花50元左右，超值。

在安全系统与配置方面，吉利金刚标配了先进的ABS防抱死制动系统和EBD电子制动力分配系统，以及双安全气囊，还有皮质座椅、8英寸的液晶显示屏，并能实现手机互联功能，另有倒车雷达＋可视倒车系统、儿童安全座椅固定装置、智能电动防夹双模式天窗、行李厢盖遥控开启与悬停功能、安全方便的车载免提系统。

可见这个"金刚"不简单，性能可靠、操作稳定、省油、安全、配置丰富，真正的物美价廉，相对其他4万元级别的小车来说，它的配置居然这么丰富。所以，吉利金刚是吉利的常销车型，十几年不衰。

在市场上，有些车企搞垄断、搞地方保护主义，让部分汽车价格虚高，结果想买车的人往往买不到便宜的好车，反而被忽悠去贷款买高价车。吉利求真务实，为老百姓造买得起的好车，通过生活节约、成本控制，企业赚少一点，造车成本就低一点，售价就可以低一点，让更多老百姓买得起私家车，以实现高品质出行。李书福曾说："我的梦想就是为老百姓造买得起的好车，让吉利汽车走遍全世界。"

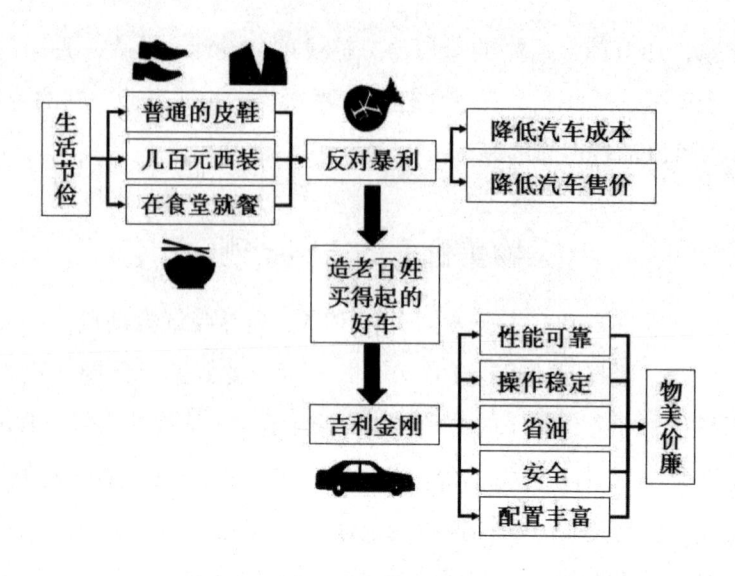

图25 为老百姓造买得起的好车

  节约是很多企业家的优秀品质，因为他们没有把心思放在物欲消费上，而是全身心放在经营公司。李书福穿着工装到饭堂打饭，不享受领导特权。同样，香港首富、长江集团创办人李嘉诚在生活方面也很节俭。他的一套西装可以穿十年；皮鞋坏了，补一补接着穿；手表戴了10年，接着戴；眼镜用了10年，曾因为度数增加换过镜片，却没有更换镜框。成功不是偶然，很多时候来自多个成功细节的组合，就像汽车发动机一样，老司机知道它作为汽车的心脏，能用自然吸气就用自然吸气，不要装涡轮增压发动机。因为与自然吸气相比，涡轮增压太贵，成本太高，后期保养又多，一般老百姓可能接收不了。有时候节约一点，反而活得更好。

2.汽车公司：至少要有几万人，产量至少100万辆

有一年，研发摩托车的李书福开始不务正业，终日拆解研究如何造车。当时只有李书福一人在倒腾造车的事情，汽车年产量为0。于是，有人问李书福："你对汽车公司有什么概念？"

李书福想了一下，说："汽车公司至少要有几万人，产量至少100万辆。"

扎根港口城市宁波

很多人就笑他爱说大话，可是多年之后，吉利汽车发展成大型综合性汽车集团，李书福的梦想也实现了。

李书福靠小型经济车打开市场之后，一直想扩大生产线，建立生产基地。很快，李书福把目光聚焦到世界第三大港口城市——宁波。宁波地处东南沿海，位于中国大陆海岸线中段、长江三角洲南翼，东有舟山群岛为天然屏障，北濒杭州湾，它是中国大运河南端出海口、"海上丝绸之路"东方始发港。

宁波港口城市背靠长江三角洲、面向全世界的区位优势正是造车基地的好地方，在港口城市不论是造车，还是整车出口全世界都十分便利。

2016年4月，吉利汽车整车项目在杭州湾新区开工新建，该项目总投资130亿元，年产30万辆中高级乘用车。在吉利杭州湾基地，吉利新实施"蓝色吉利行动"新能源战略的重要项目，重点发展具有全球高端技术和国际质量标准的新能源中高端车型。

李书福说："宁波给企业发展、创新成长提供了沃土，吉利在宁波20年的实践与发展，完全可以证明宁波是企业家实现梦想的乐园，是宁波商帮走向世界，实现商业理想的圣地与港湾。"

全国布网造车基地

除了吉利杭州湾基地，李书福还在全国范围内创办汽车制造工厂，形成全国性的产销研网络。目前，吉利在临海、路桥、春晓、上海、兰州、湘潭、宝鸡、桂林、晋中、张家口、成都、济南、慈溪等地都设有造车基地。

下面简单介绍各地工厂的规模与产能：

吉利杭州湾生产基地，可年产22万辆，CVVT发动机52万台。

吉利张家口工厂，年产20万辆领克。

吉利上海工厂，年产15万辆，先后推出了海锋、海尚、海迅、海域等车型。

吉利成都沃尔沃工厂，规划年产12万辆。

吉利临海工厂，年产25万辆。

吉利济南工厂，年产42万辆。

吉利路桥工厂，生产节拍为2分钟一台，可实现多种产品共线生产。

吉利知豆兰州工厂打造微型纯电动车品牌——知豆，每天生产160台车的能力，最大年产可达5万辆。

吉利湘潭工厂，生产吉利熊猫、新远景、新海景，具有年产15万辆SUV整车的能力。

吉利宝鸡工厂，年产20万辆。

宝鸡工厂，投资45亿元，主要生产沃尔沃的1.5T涡轮增压发动机，一期是40万套，二期会达到75万套。

吉利春晓工厂，投资25亿元，年产10万辆。

吉利慈溪工厂，吉利帝豪EC7车型的第二条生产线，年产达到6万辆。

吉利贵阳生产基地，投资约102亿元，年产30万辆。

吉利山西晋中生产基地，年产整车20万辆和发动机20万台，目前主要生产帝豪M100甲醇版车型。

吉利在国内十几个工厂加起来，员工超过7万多人，年产超过200万辆。

常言道:"雄心未竟即是野心,野心已达便为雄心"。李书福没有说大话,他用一个又一个工厂"组全产能"来实现自己的梦想,让吉利年产销量实现跳跃式发展。

现在,浙江吉利控股集团总部设在杭州,旗下拥有沃尔沃汽车、吉利汽车、领克汽车、宝腾汽车、路特斯汽车、伦敦电动汽车、远程新能源商用车等汽车品牌,规划到2020年实现年产销300万辆,进入世界汽车企业前十强。

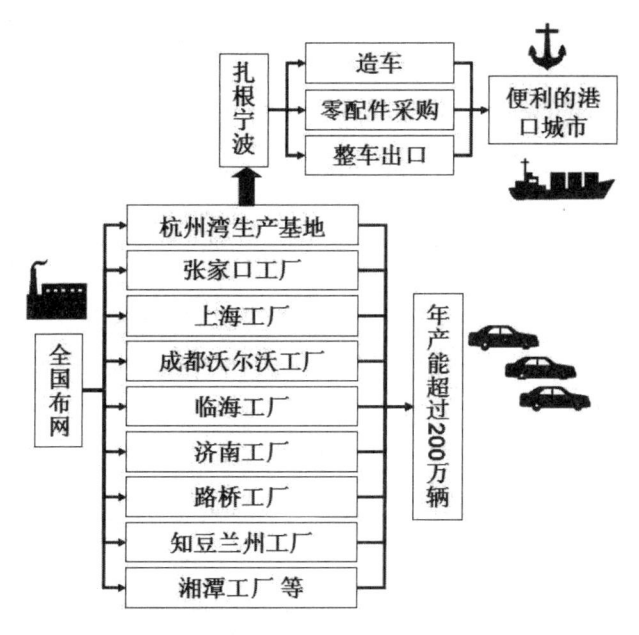

图26 全国布网造车基地

中国是世界第二大经济体,汽车消费市场庞大,我国的汽车保有量是超过2亿辆,每年汽车消费超过千万辆,所以李书福在全国范围内建汽车生产基地,可以就近配送、就近销售,可以节省汽车运输成本,减少新车跨省转籍的麻烦。全球顶级汽车品牌宝马也垂涎于需求日益增长的中国汽车市场,于是扎根中国沈阳将其打造为全球化产品的生产基地。2019年,华晨宝马的整车产能将达到52万辆,继续增加在沈阳的投资,2020年,宝马核心产品系列的首款纯电动汽车BMW iX3将于沈阳投产并出口到全球市场。宝马此举进一步巩固了在华地位,也是宝马在中国豪华车市场的一次主动出击。未来到底是全国布网的李书福获胜,还是单点突破的宝马更胜一筹,我们只能拭目以待了。

3．先从低端切入，在低端市场里占据50%以上的份额

2018年，在中国汽车市场，吉利成了耀明的明星，当年总销量超过138万辆，一举超过丰田129万辆的总销量，也超过日产、别克、宝骏、现代与哈弗，同时正高歌猛进追赶前面的大众与本田。

销量排行榜在一定程度上表示人们对汽车品牌的喜欢程度，吉利汽车品牌销量突飞猛进，为中国众多的自主汽车品牌做了一个榜样，吉利能超越丰田，打破了日系车无法战胜的神话。

一个吉利

吉利靠哪些车出奇制胜？还得靠小型低端经济车。李书福说："低档汽车是一个正常的汽车公司必须要经历的阶段，就像上大学前必须要上小学、中学一样。否则的话，将欲速而不达，想一步登天，掉下来一定会死。先从低端切入，在低端市场里占据50%以上的份额，然后积累技术，总结管理经验，建立营销体系，培养专业人才，进入中档汽车市场，最后再进入高级汽车市场。这是规律，否则就成了打乱仗。"

吉利在低端市场、在3～5万元经济车市场，多年占据50%以上的份额。为了巩固这一位置，吉利做了两个布局：一是品牌聚焦，二是拓展渠道网络。

在品牌聚焦方面，2014年，吉利提出要回归"一个吉利"：将帝豪、全球鹰、英伦三个子品牌纳入吉利品牌，帝豪、远景、金刚、熊猫五大车系重新挂回吉利车标。"一个吉利"品牌战略，实现了品牌聚焦，实现了销量滚动增长。

此前，吉利鉴于在低端车市场做得不错，于是就在自主品牌中率先实行多品牌战略。在2009年上海车展，吉利公司宣布停止将吉利作为轿车品牌使用，

而是将它作为集团公司的名称。同时，公司引入了三大新品牌：帝豪、全球鹰和英伦，并且实行分品牌销售模式。

就是将吉利品牌停用，推出帝豪、全球鹰和英伦三大品牌。吉利原本想着，三个品牌定位实行差异化，避免经销商之间的竞争，同时也可以优化售后服务。结果，市场并不买账，人家只是奔着吉利的牌子去，现在突然变成了帝豪、全球鹰和英伦，有点不适应，有人禁不住问低端高配的吉利车去哪了。

很快问题就暴露出来了，吉利三个子品牌之间产品出现交叉，加剧了产品之间的竞争，内耗过于严重，帝豪、全球鹰和英伦销量全面下滑。

李书福意识到问题的严重性，决定聚焦品牌，回归"一个吉利"，才让吉利集中力量夺回低端市场的应有份额。

在拓展渠道网络方面，吉利已经拥有800多家渠道网络，这些经销商也喜欢推销物美价廉的自主品牌，因为3～5万元的车比较好销，不会压库存，只要销量上去了，利润也是丰厚的。

中国汽车市场好比池塘，总量有限，竞争无限。吉利一步一步占领低端市场，必然有别的车企被迫出局，而它们不会善罢甘休，开始与吉利展开拳拳到肉的竞争。"木秀于林，风必摧之"，像日产、别克、宝骏、现代与哈弗等汽车品牌，也通过降价促销、限期抢购、网络团购或经销商返点等措施进行反击，让吉利陷于四面楚歌的竞争环境中。

再推新品

在激烈的竞争中，吉利之所以立于不败之地，就是以原来的品牌车型与敌对打，同时推出新款车型，实施多头打击。

2018年，在中低端市场，就在吉利与众多汽车品牌混战时，吉利为了扩大自身的市场占有率，在继帝豪、帝豪GL、远景之后再次推出一款紧凑级轿车——吉利缤瑞。

缤瑞将目标人群定义为90后甚至95后，售价为7万至11万元。

年轻人喜欢运动、时尚，所以吉利缤瑞在设计中融入了这两种元素。吉利缤瑞侧身的高腰线、涟漪式的中网和尾部高翘的车尾经由车身侧面的腰线贯穿，大大提升了整车的运动元素。在内饰设计上，吉利缤瑞不拘一格，以大量的软性材料包裹，精致细腻的做工，使颜值高大上。

在配置方面，吉利缤瑞装有全液晶仪表盘、车载智能互联网系统、倒车影像、自动空调、自适应巡航、主动安全系统等。在动力方面，吉利缤瑞将搭载涡轮增压发动机，最高马力可达136马力，动力澎湃。

总的来说，吉利缤瑞在动力、操控性能、燃油经济性、配置等方面，大大超越同级。

在7万至11万元价格区间，车主还可以入手一些合资品牌，包括朗逸、轩逸、宝来、卡罗拉等，不过只能买一些合资品牌的低端车，没什么配置可言。

人民群众的消费是理性的，与其买合资品牌的低端车，不如买自主品牌的旗舰版，最终吉利缤瑞的销量扶摇直上，为2018年吉利在销量上超越丰田，提供了强大支持。

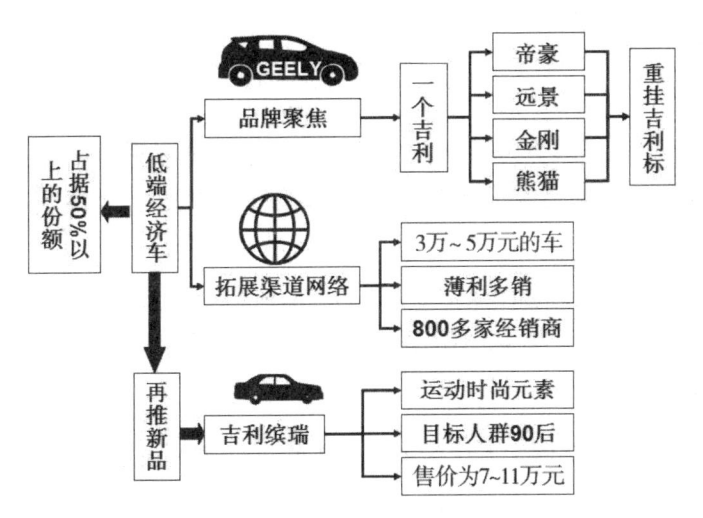

图27　在低端市场里占据50%以上的份额

低端市场只要深耕细作，还是有利可图的。李书福先从低端切入，在3～5万元经济车市场抢夺份额，然后再研发新品向中高端发展，稳扎稳打，步步为营。如果企业家连低端都做不好，就不用说做中高端了。2011年，雷军创办了小米，主推互联网手机，执行的网络预订与开放购买两个营销方式，最终小米手机以799元低价发布，主打低端市场。到2012年，小米手机销量突破了300万部，小米手机一战成名。

4．汽车狂人和疯子： 我最大的特点就是真实

一天，风平浪静，天空放晴，在宁波舟山港梅山港区梅西滚装码头，一辆辆崭新的国产汽车井然有序地驶入一艘巨型的滚装船中。不久后，这艘滚装船装载着几百辆吉利汽车乘风破浪，出口至"21世纪海上丝绸之路"的沿线国家——沙特阿拉伯和埃及。现在，吉利汽车出口国外已经成为常态，但是多年前，李书福说要搞出口的时候，很多人却认为他是"汽车狂人和疯子"。

三分之一的汽车出口

2007年，吉利汽车的总销量仅为18万辆，其中3万辆为海外销量。这时，李书福居然大言不惭地说："吉利的目标是2010年实现年产销100万辆，2015年实现年产销200万辆，其中130万辆将销往国外。"

"吉利都还没有吃掉中国市场，就要搞出口！""吉利汽车的小毛病没有解决，还想玩出口，这是要把脸丢到国外去的节奏！"很多人在网上留言，直喷吉利不靠谱。

李书福说："我知道别人认为可能性比较小，但我认为可能性很大。以前我说中国汽车进家庭，价格就是3～5万元，很多人不信甚至嘲笑我，现在3～5万元的车很多；我还说吉利要有三分之一的汽车出口，当时很多人觉得不可能又嘲笑我，因为那时候中国一辆汽车出口都没有。我知道他们在嘲笑我，我心里却在嘲笑他们。"

下面我们简单描述一下吉利的出口史。

2003年8月，首批吉利轿车出口海外，实现吉利轿车出口零的突破。2004年出口整车达到了5000辆，占全国轿车整车出口量的63.7%。2005年吉利汽车的出口量超过了7000辆。 2013年吉利汽车出口8万辆，一举超过奇

瑞汽车，成为出口销量最高的自主品牌。随后，吉利汽车出口海外的数量也是逐年增加。

现阶段，自主品牌出口海外市场，都是汽车行业不是很发达的一些国家，还有"一带一路"沿线的65个国家，如越南、伊朗、沙特阿拉伯、埃及、俄罗斯、马来西亚等。一般会采用与当地经销商合作的方式进入，然后从内地装船运过去，一般很少在当地建厂。所以，李书福利用宁波港口城市的区位优势，将越来越多吉利车销往国外。

21世纪的汽车婴儿

随着吉利汽车出口越来越多，李书福也接触了很多国际媒体，他似乎不怎么注重形象，所以让人认为他有点狂。

有一次，李书福接受记者采访，同时在场的一家美国电视台摄影师要李书福摆几个姿势，打开车门上下两番。这时，李书福面露不耐烦之色，当场拒绝配合。还有，当另一家德国媒体问李书福："中国民营企业面临的难题是什么？"李书福居然不客气地回答："不告诉你。"

李书福说："我已经麻木了，我不在乎这些，你对我歧视也行，他对我歧视也行，我做我的事情，我走我的路，我有我的追求，我有我的理想，我要在符合国家政策、符合国家法律、符合做人的基本准则大前提下，我将一如既往地做我的事，歧视没关系，歧视又怎么样？"

李书福曾经创作一首诗歌叫《为了一个美丽的追求》，用来表明自己的心志——为了一个美丽的追求，向前走，不回头，闯全球。

李书福说："我们吉利有一首歌曲叫作《为了一个美丽的追求》，这个美丽的追求我们是有目标的，有方向的，所以吉利的核心价值理念就是决定了我们应该怎么做事情。现在我们就要做最安全的、最环保的、最节能的好车，要让吉利汽车走遍全世界，这个是我们的使命，大家都为了这个使命做工作，我想这个使命是崇高的、神圣的。"

不论在前进的路上传来什么声音，"汽车狂人和疯子"有的是自知之明，他依然按照自己的理念和节奏前进。

李书福说:"我最大的特点就是真实,如果不真实,那就不是我李书福了。吉利是一个婴儿,我说是21世纪的汽车婴儿,吉利,现在还是跟跟跄跄,刚刚起步,但是这个婴儿他有志向,他很认真地学习,家里很穷,穿的破鞋,背着土书包,但是他很勤奋地学习,所以他今后有可能成为有用的人,是形象地形容吉利汽车,应该这样形容它,我们自身对自己的认识,就是这样认为的。"

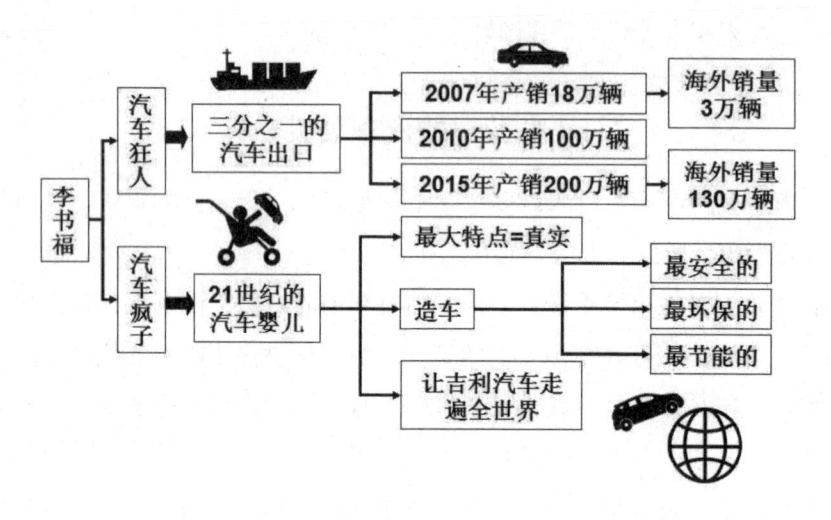

图28 汽车狂人和疯子

吉利汽车搞出口,从无到有,从实现零的突破,到成为自主品牌出口冠军。这说明,疯子、傻瓜般的坚持,是可以创造奇迹的。马云说:"所有成功的背后,都是痛苦的坚持;所有的痛苦,都是傻瓜般的不放弃!"乔布斯也是如此。当年,19岁的乔布斯加入雅达利电视游戏机公司后,与同事格格不入,由于看不惯同事的行事,乔布斯下定决心,自己干,让世界看到最完美的产品。1976年,21岁的乔布斯与26岁的斯蒂夫·沃兹尼亚克在自家的车房里成立了苹果公司,先后领导和推出了麦金塔计算机(Macintosh)、iMac、iPod、iPhone、iPad等风靡全球的电子产品,深刻地改变了现代通讯、娱乐、生活方式。他说:"活着就为改变世界,难道还有其他原因吗?"

5. 汽车王国不是梦：让中国汽车跑遍全世界

2017年的一天，在韩国一个现代化拆解车间里，某韩系车企业高层围成一团，他们打算把吉利博越拆了，看它有什么"料"。随着"哧哧"作响的暴力切割，吉利博越被拆得七零八落。

拆车查看

韩系车企业高层凑近一看，彻底傻眼了，吉利博越内外几乎完美无瑕，里面搭载吉利自主研发的发动机，动力强劲，性能优秀，外观设计中欧审美交融、颜值一级棒，在智能配置方面装有城市预碰撞安全系统、ACC智能自适应巡航系统、360°随动3D全景影像、车内空气净化管理系统、"你好，博越"智能语音交互等。

当韩系车企业高层得知价格仅为10万元时，他们简直要疯了，因为同类车型的售价都在20万元以上，而中国车企居然可以把成本控制得这么好。要知道，成本控制是韩系车的一贯优势，现在这个优势似乎被中国吉利夺去了。

现代起亚由商业巨子郑周永先生在1967年创办，他从建立工厂到能够独立自主开发车型仅用了18年，因为具有成本控制优势，所以一举发展成为韩国最大的汽车集团，跻身全球汽车公司20强。

当现代起亚汽车集团大举进军中国市场的时候，他们的自我优势感很强烈，他们固有的印象还是这样的：韩系车的产品力还远远领先于中国品牌。没想到"三十年河东，三十年河西"，中国吉利汽车居然在悄悄地超越他们。

所以，就出现了开头韩系车企业高层运吉利博越回韩国，拆解研究的事情。

对于吉利汽车的技术偷偷超越韩系车，李书福说："让中国汽车跑遍全世界，而不是全世界的汽车跑遍全中国，这就是我美丽的追求。中国的自主品牌汽车公司需要提高竞争力,但为什么还不如外国的同行呢?你说中国的人就是那么笨吗?中国的自主品牌汽车公司就是那么无能吗?我真的不这么认为。我认为这是整个国家汽车工业管理的一套制度的问题,自主品牌汽车公司的想法很难自由地去展开实施。别的企业我不敢代表,但是我可以有信心地说,3~5年之后的吉利汽车,一定可以给大家带来惊喜,将来肯定不会次于同档次的日韩汽车。"

首次超越韩系车

2017年1月至11月之间,吉利汽车累计销量超过108万辆。而北京现代和东风悦达起亚在中国的合计销量仅为97万辆,同比骤减40%,首次被吉利汽车超越。

有分析人士指出,吉利汽车首次超越韩系车,主要有两点原因:一是韩中萨德矛盾,使在中国的包括汽车在内的韩货备受重创;二是中国自主品牌汽车的价格优势和技术优势越来越明显,韩系车自高自大的美梦已被打破。

在此之前,韩系车的销量大大超过吉利汽车,现代起亚汽车在2014年的销量甚至是吉利的6倍之多,然而此后两者的差距不断缩小,直到被吉利赶超。

2016年韩国宣布韩美在半岛部署萨德反导系统。该决定遭到中方强烈反对,带来的结果是,韩国的汽车、化妆品、食品、零售业遭遇销售寒冬。此时,吉利汽车经济型三厢车、SUV、互联网智能汽车则全面出击,最终超越韩系车。

在价格优势和技术优势方面,以吉利为代表的中系车让韩系车也感到压力山大。如1.6L排量的现代领动在中国售价为10万元左右,而与其空间和配置不相上下的竞争车型吉利金刚的售价直接腰斩,还不到5万元人民币。

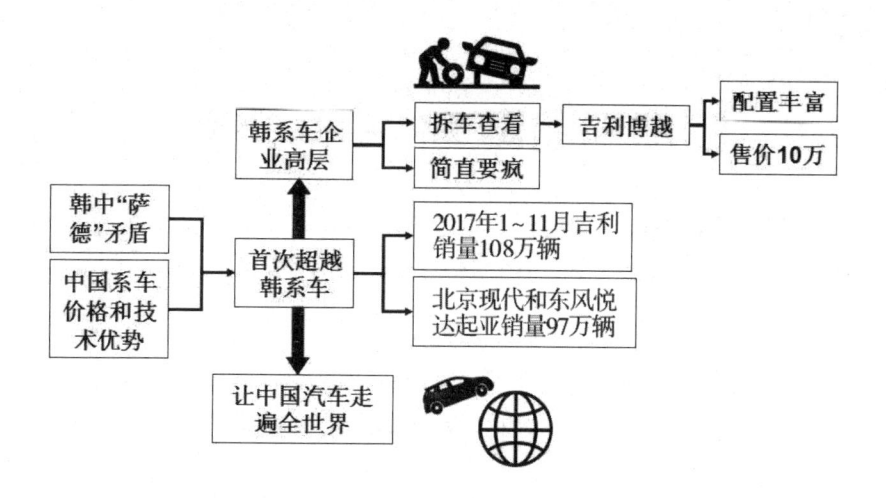

图29　让中国汽车跑遍全世界

梦想是灯塔，指引着人们前进的方向。李书福的梦想就是让中国汽车跑遍全世界，而不是全世界的汽车跑遍全中国。在中国汽车市场，德系车、美系车、日系车、韩系车无孔不入，打得中国自主品牌汽车只能在夹缝中生存。自从吉利汽车销量赶超韩系车之后，中国自主品牌汽车大受鼓舞，纷纷利用"天时地利人和"加速赶超韩系车。中国人不能因为中国自主品牌汽车落后，而对自己的民族汽车工业失去信心。有梦想就有希望，有信心就有力量。

成长图谱 5　如何树立自己的梦想

1. **梦想就是解决社会问题**。企业家的梦想就是要解决社会问题，可以从小的事情做起，不要好大喜功。像李书福的梦想就是为老百姓造买得起的好车，所以他集中力量研发3～5万元的小型经济车。

2. **平凡的人要做平凡事**。如果我们没有过人的天赋，那就甘当平凡人，从低端的事情做起。像李书福那样先做低端车，不管人们怎么说，先站稳脚跟之后，再研发中高端车。

3. **梦想需要一步步去实现**。一天建不成罗马，梦想需要一点一滴去实现。像李书福要将吉利打造成为一个大型综合汽车集团，也是不断研发新车，不断建立制造基地，花了20多年才实现。

4. **像傻瓜一样坚持梦想**。有些梦想现在看起来很傻，但只要像傻瓜一样坚持十年以上，梦想就会变成现实。

5. **实现梦想后再树立新的梦想**。当实现梦想之后，不能枕着梦想睡觉，要树立更高的梦想再出发。像李书福那样，"为老百姓造买得起的好车"这一梦想实现了，又树立"让中国汽车跑遍全世界"的梦想。

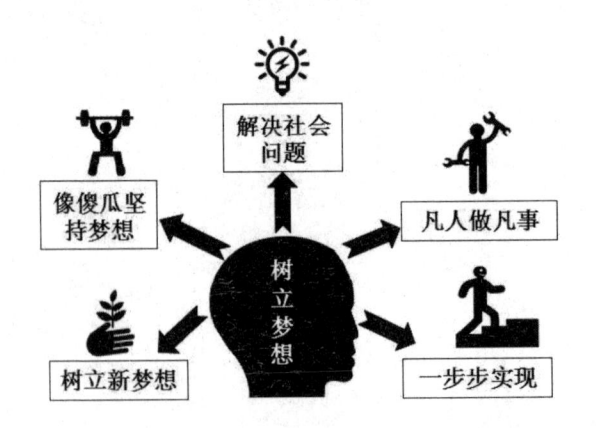

图30　成长图谱：如何树立自己的梦想

第6章

心态哲学：志存高远，脚踏实地，有耐心并且付出行动

> 若只有雄心，做事急于求成，反而最后会失去耐心。只有把理想和现实结合起来，志存高远，脚踏实地，有耐心并且付出行动，才能发挥出两者的作用。
>
> ——李书福

1. 我是从农村来的，你说我怕什么？

2012年，在北京国际车展上，香车美女云集，车企们铆足了劲开展新品发布、产业联盟，还有各种令人眼花缭乱的促销活动。这次车展，合资品牌与吉利汽车终于"杠"上了。多年来，吉利在经济车领域攻城略地，终于引起了合资车的联合反击。这时，李书福居然说不懂什么叫压力。

合资品牌价格下探

在车展上，东风日产发布玛驰小型车战略，价格定位在7万至10万元间，价格区间直接下探至自主品牌的价格底线。东风汽车方面表示，玛驰是一款创造全球新标准的小型车，在7～10万元这个价位上，在中国市场应该很有竞争力，可以形成规模化效应。与此同时，上海通用、东风本田等合资品牌均在发力经济型轿车。他们准备一起动吉利汽车的"蛋糕"。

面对海外车市的不断萎缩和中国车市的蓬勃发展，合资品牌车企纷纷加大了在华的投入，在稳稳占据高端品牌的同时，也积极向经济型低端车杀入，进一步压缩与蚕食自主品牌的生存空间。

为此，吉利回应的方式，就是推出新车产品。

2012年吉利在北京国际车展上推出了吉利全球鹰GX5，这是一款双门四座的小型越野车，售价7～9万元。

在设计方面，吉利全球鹰的外形尺寸是长3815 mm、宽1762mm、高1670mm，轴距尺寸2370mm。整体都要比日本铃木吉姆尼车型放大了一些，同样采用2+2的四座式设计，但车内空间更宽敞。

在结构方面，吉利全球鹰采用前置前驱结构，配置了前后碟刹和前麦弗逊式独立悬架，足够的胎宽和扁平比可以保证轮胎适应更多复杂路况。

在外形方面，吉利全球鹰车身拥有方正粗犷的线条，矩形的进气格栅和四个方形大灯组成了完全齐平的前脸。车身四周和前后保险杠都带有大尺寸的防擦包围和护杠，野性硬气十足。

在动力方面，高配置的吉利全球鹰搭载动力强劲的1.3L的吉利自主研发的涡轮增压发动机，最大功率95千瓦，可实现7级变速。

一方面，合资品牌研发的经济车价格不断下探，而吉利却推出小型越野车，在越野车领域出其不意，攻其不备。

什么叫压力我不懂

合资品牌与吉利为首的自主品牌终于"杠"上，在新品研发和价格方面展开竞争，有人问李书福："你有没有压力？"

李书福回答说："我没有压力，真是没有压力，什么叫压力我不懂，因为我是从农村来的。你说我怕什么，失败了没有关系，回去种地、养龟、养虾，对不对？承包两亩地，一亩地种菜，一亩地种水稻，怕什么呢？有吃有喝。"

李书福的心态就是比较淡定，因为"穿草鞋的不怕穿皮鞋的"，失败了还有退路，可以回农村过上田园牧歌式的生活。而不少合资品牌企业可能就没有这么轻松了，上头有股东的压力、上市公司业绩的压力，还有各种考核的压力，让他们轻松不起来。

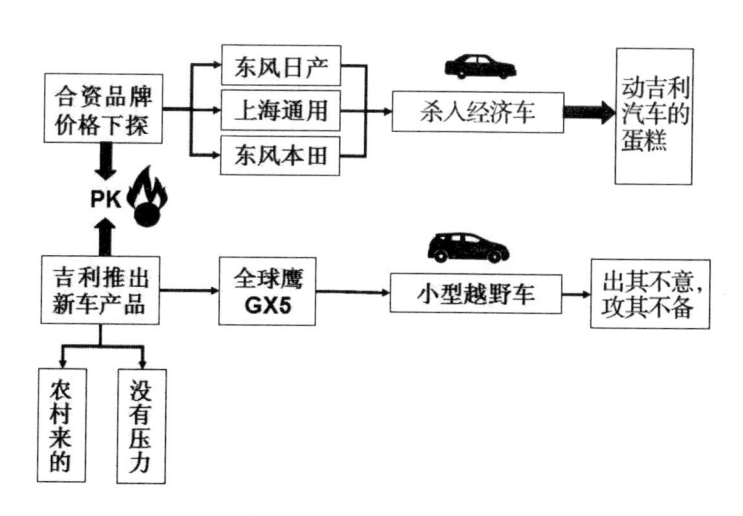

图31　吉利PK合资品牌

农民出身的企业家，心态相对要好一些，一是农村艰苦的生活环境磨炼了他们的意志，二是农村分到的"一亩三分地"也是他们最终退路与心灵归宿。很多企业家出身并不好，不少还是农民出身，但是他们都通过一番努力获得了巨大成功。李书福如此，印度尼西亚林氏集团的创始人、世界十大富豪之一林绍良也是如此。1916年，林绍良出生在福建的一个农民家庭，小时候就在村口租了个房子开一间小面店。1935年，他下南洋发展，后来在印度尼西亚创办了林氏集团，经过几十年的苦心经营，终于打造了一个多元化的集团公司，经营范围涉及纺织、水泥、化工、电子、林业、渔业、航运、保险、金融、房地产、黄金宝石、酒楼饭店、医疗器材、电信设备、钢铁等行业。

2. 本来就没那么大本事，难道还要骗人家？

2016年，在中东一片平坦的沙漠上，有一座"黄金之城"迪拜，这里是全球富人们的乐园。这里拥有世界上最高的人工建筑哈利法塔，还有世界上面积最大的人工岛项目棕榈岛，是彰显富足与任性的地方。在街上，不时有头缠白头巾、身着白色长袍的酋长，开着吉利博瑞汽车呼啸而过……

出口迪拜

2016年，吉利高端车——吉利博瑞开始大举进军中东市场，出口到迪拜这座"黄金之城"。售价13万至19万元的吉利博瑞凭借着大空间与智能混动技术，一举成为2016年迪拜最受欢迎的海外车型第二名。

在空间方面，吉利博瑞是一款中大型轿车，拥有行政级别的车身尺寸，长度达到了4956mm，宽度为1861mm，轴距也长达2850mm，可以满足当地酋长对座驾大空间的需求。

在智能混动技术方面，吉利博瑞树立了自主品牌混动汽车的行业标杆。车主可以自由选择任一种模式出行，既可以烧油也可以用电。

在烧油方面，吉利博瑞搭载了吉利自主研发的第二代涡轮增压发动机，最高时速210公里，匹配全新手自一体6速变速箱，整车动力输出、加速性能与传动效率平顺强劲，百公里油耗约为11升汽油，这对于遍地石油的中东来说不算什么大事。

在电动方面，吉利博瑞为插电混动版本，电池容量为11.3kWh，快充模式下1.5小时就能将电池充满，酋长们想任性烧油也可以，想低碳零排放出行也没问题。

有人格的竞争

有人问李书福："吉利是低端产品，拿到海外去有损中国形象，你怎么看？"

李书福说："有更高水平的产品更好，但现在有自主知识产权的企业不多，吉利是其中一家。这是中国汽车业的现状、自主品牌的现状。先把简单的车造好，再不断提高，本来就没那么大本事，难道还要骗人家？我是从农村出来的，有人认为说自己是农民车就卖不出去，但我要实事求是，该怎样就怎样。能把自主品牌、自主研发的车大大方方卖向世界各国，是有骨气的竞争、有人格的竞争。吉利带出去的是五星红旗、京剧、牡丹花、唐装、功夫茶。产品'中国龙'是京剧脸谱的变形，是中国文化、中国元素、自主创新的民族工业，为什么觉得抹黑？实事求是的中国才会不断赢得尊重。"

国内众多自主品牌的高端车型都喜欢出口中东市场。首先，这里盛产石油，是比较富裕的国家，消费者的购买力较强。其次，中东地区没有自己的汽车工业，大量汽车依赖进口。最后，中东地区沙漠面积很大，像迪拜这样的城市为了刺激海外投资和消费，对很多进口商品是免关税的，所以豪车的价格很低。

吉利汽车以吉利博瑞高端车打先锋，在中东市场站稳脚跟之后，又出口另一高端品牌领克汽车。领克汽车品牌是由吉利汽车与沃尔沃汽车合资打造的新时代高端品牌，现有SUV车型领克01、领克02、领克03以及PHEV车型等。自主品牌汽车出口，还得靠过硬的技术，正如李书福所说的那样，有更高水平的产品更好，如果没有更高水平的车，那只能实事求是，先把简单的车造好。

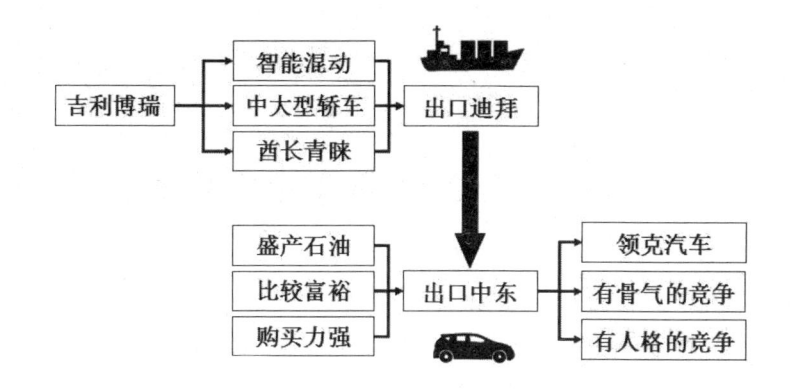

图32　吉利汽车出口中东

中国自主品牌的出口大户，除了吉利汽车还有奇瑞汽车。吉利汽车在中东市场的成功主要靠技术优势，而奇瑞汽车在中东的成功却是多方面的。奇瑞汽车是一家从事汽车生产的国有控股企业，1997年成立，产品覆盖乘用车、商用车、微型车等领域。在出口方面，奇瑞做得比较成功，其在国外的销量已经超过125万辆，并且碾压日系车称霸伊朗，成为伊朗最受欢迎的汽车品牌。奇瑞汽车的成功主要有四点：一是奇瑞汽车的售价低廉，3万~4万元的价格伊朗民众完全消费得起；二是奇瑞汽车油耗很低，百公里油耗4升左右，出行成本不算高；三是保养费用较低，6万公里保养费用不足1万元；四是奇瑞在伊朗做了不少慈善事业，最终获得了当地人的信任。

3. 造汽车，揭一些车企垄断车市价格虚高的短

有一年，有媒体曝光了部分进口和合资汽车在国内售价畸高的问题，一时间引起民众的广泛关注。有调查指出，一些进口车企利用政策弊端获取暴利，垄断了整个进口汽车利益链条。

高价车的套路

同样的车在海外的售价往往要比国内的价格还要低，难道中国消费者是"钱多人傻"，还是伸长脖子自愿被宰？

如：奔驰S550国内报价为164万至300万元，而海外报价仅为66万至80万。宝马X6的国内报价为86万至216万元，而海外报价仅为39万至54万元。还有，路虎揽胜5.0的国内报价为149万至339万元，而海外报价仅为64万至84万元。

有专家分析，国内总经销商的设立意味着进口车生产商全面掌控市场，并拥有绝对话语权，其他经销商只能通过总经销商授权才能取得在国内销售进口品牌的权利。如国内4S店要想得到知名进口汽车的经营授权，简直难于上青天，不仅要花大价格买一块授权的牌子，还要花大价钱按国外厂商的标准装修门店，一下子经营成本就上去了，所以只能分摊到每一辆车身上、分摊到消费者身上。

国内部分进口车和合资车价格虚高，而吉利汽车价格相对务实一些。李书福要"造老百姓买得起的好车"，不搞高价车的套路。李书福曾经说："我造汽车，揭了国企垄断车市价格虚高的短！"

2006年4月，在吉利金刚投产、要进军3万至5万元经济车市场时，李书福悲壮地说："吉利汽车从刚出生的那一天开始，就已经注定了一个苦家庭

出身的苦孩子的坎坷命运。我们在磨难中直面汽车列强的欺凌，正视竞争环境的考验，在彷徨中寻找自己生存的空间，设计自己成长的路线。"

性价比之王

吉利汽车设计的成长路线，就是一方面通过自主研发，不断推出新品，带动销量，不搞垄断价格战。李书福表示："吉利每年用于自主研发的费用占销售收入的10%。尽管吉利没有任何外援，但却敢拿出上亿元投资一个研发项目。比如说研究油电混合动力车，以及方程式赛车，这些都是烧钱项目。"

另一方面，做好成本控制，让新车卖出二手车的价格。

2019年，吉利汽车推出吉利远景百万幸福版，售价仅为4万元，堪称性价比之王，目标是让100万个家庭圆了幸福出行的梦想。

吉利远景设计为4门5座三厢轿车，一家人出行刚刚好。在动力上，装有1.5L自然吸气发动机，可以输出109马力，动力足够用。在油耗上，吉利CVVT发动机采用国际领先的进气管全塑设计，有效降低了进气阻力，加大了进气量，减小了动力损耗，出行更省油，百公里耗油仅为6L左右。在安全方面，碰撞星级为四星，可有效保护车内乘员安全，同时配备多项科技安全配备，如双安全气囊、预警限力式安全带、安全带未系警告灯、二探头倒车雷达和四探头驻车雷达、双防盗系统等全面提升整车安全性。

吉利远景的横空出世，让很多家庭圆了有车梦。他们只要花4万元、原本是买二手车的价格，却能买到一部安全、好开的吉利牌新车，让幸福早来一两年。

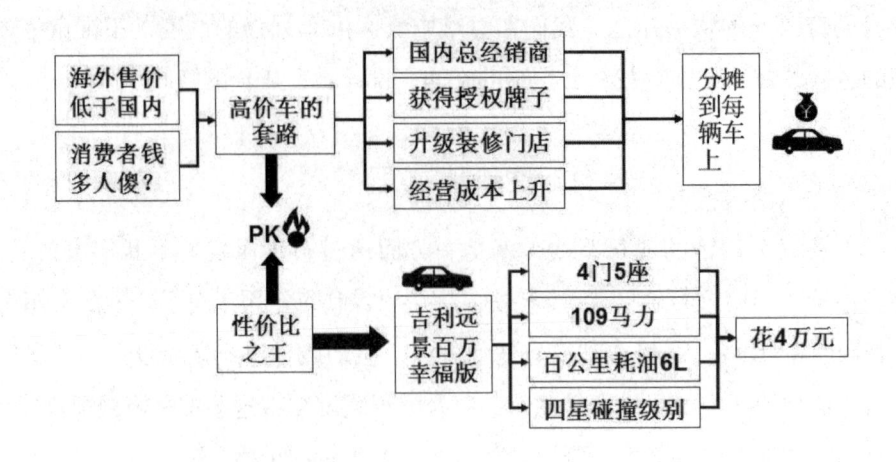

图33 高价车的套路

性价比之路到底能走多远？研发小型经济车并不是吉利的专利，印度塔塔汽车也在研究"全球最廉价汽车"。印度塔塔汽车（Tata Motors）成立于1945年，是印度最大的综合性汽车公司、商用车生产商，隶属于印度塔塔集团（钢铁集团），年营业额高达20亿美元，占有印度市场59%的份额。塔塔汽车在2018年推出一款"全球最廉价汽车"——NANO，售价仅2500美元（相当于1.7万元人民币）。而吉利汽车最低也要3万元左右。

无论是定位、品牌，还是发展路线，印度塔塔汽车与中国自主品牌吉利汽车有很多相似之处，因此，它可能成为吉利汽车最大的敌人。目前，印度塔塔汽车已经在南京设立的南京塔塔制造工厂，成为进军中国的桥头堡。李书福揭了国内车市价格虚高的短，没想到印度塔塔汽车却造出全球最便宜的车，看来在中国小型经济车市场又要掀起一场血雨腥风。

4．人生没有标准的答案

2017年3月，春暖花开，福布斯公布了2017年全球富豪排行榜，在汽车行业榜单上，浙江吉利控股集团有限公司董事长李书福登上中国汽车行业富豪榜榜首。

中国汽车行业首富

2017年，福布斯榜单给出了50名汽车行业的富豪。在榜单中，整车、零部件、经销、刹车和轮胎等均和汽车相关。舍弗勒集团（制造发动机、底盘、变速箱和辅助装置）的乔治·舍弗勒以207亿美元夺得全球汽车行业首富。宝马集团的苏珊娜·克拉腾以204亿美元的财富位居第二。

在福布斯整理出的50名汽车行业富豪中，共有13名来自中国大陆和港澳台地区。其中，吉利汽车的李书福以67亿美元的财富值超越长城汽车的魏建军（59亿美元）成为福布斯排行榜中国汽车行业首富。

对于成为中国汽车行业首富，李书福却十分平淡。李书福曾经说过这样一句话："人生没有标准的答案。"

随着事业的发展，李书福的头衔也越来越多，除了中国汽车行业首富之外，李书福还有多种身份，如全国政协委员、全国工商联副主席、浙江省工商联副主席、沃尔沃轿车公司董事长、台州市人大代表、中国汽车工业协会副会长、中国民办教育协会副会长、国家授予的改革先锋称号、民营汽车工业开放发展的优秀代表等。

虽然成为中国汽车行业首富，荣誉加身，但李书福却认为人生没有标准的答案，坚信个人发展的轨迹和潜力是无限的。在掌舵千亿市值吉利汽车的同时，李书福还培养不少自己的兴趣爱好。

培养个人兴趣爱好

李书福三个兴趣爱好分别是：自学英语、创作诗歌与组织赛车。

随着吉利汽车国际化发展的需要，李书福为了能直接与老外交谈，就拼命自学英语，背单词、练口语，好好当了一回学霸。如今他与老外打交道基本不用带翻译。所以，在研发会议上，外籍研发人员，说什么想表达什么，李书福一般都能听得懂，不用别人作同声翻译。

李书福另一个兴趣爱好就是写诗。写诗一来可以明志、激励自己，二来可以宣泄情感，将那些流言蜚语抛到九霄云外。

李书福曾经创作一首诗歌《力量》，激励无数吉利人充满自信、充满力量的前进，里面写道："力量在风中回荡，奇迹在蓝天下闪光，坎坷的道路承载着理想，坚实地伸向远方。我们用智慧开道，我们让真情护航，创造吉祥让万事如意，是我们共同的愿望……"

李书福还为北京吉利大学创作了一首校歌《我要自由飞翔》，将吉利学子们那种胸怀世界、心系祖国的情感演绎得淋漓尽致，里面写道："我的梦想是为了自由飞翔，我的努力是把握自己的航向。站在长城下，遥望中华，银河星光把我的眼睛照亮。思念我的母亲啊，难忘我的故乡，校园内外留下了许多遐想。我要闯荡世界啊，我要自由飞翔……"

在组织赛车方面，李书福组建了一支中国赛车队，开展"亚洲吉利方程式国际公开赛（AGF）"活动，在全国各地举行比赛，推动了中国赛车运动的发展。

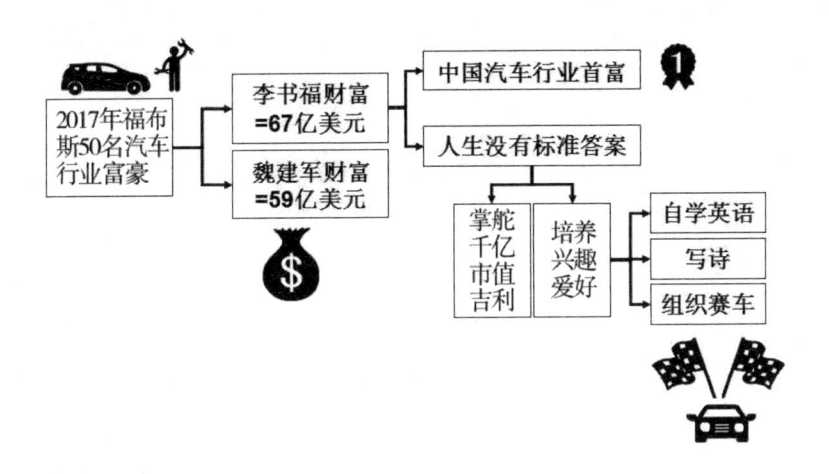

图34　人生没有标准的答案

　　工作不是生活的全部，首富也有自己的兴趣爱好。人生，只要有了别样的兴趣爱好，就有了另类的活法。李书福除了造车之外，还培养自己的三个兴趣爱好——自学英语、创作诗歌与组织赛车。宝马集团的苏珊娜·克拉滕也有自己的兴趣爱好。苏珊娜·克拉滕在2016年的时候，曾经以168亿美元的财富值夺得了全球汽车行业首富，但她的生活一直十分低调，从不招摇过市，尽量避开媒体，因此迄今为止，国内民众对她知之甚少，只知道她是一个有孩子的母亲，业余爱好是滑雪和打高尔夫球。

5．我很愿意做牛，因为牛很诚实，不忽悠

2019年1月9日，中国车市出了一件怪事，吉利汽车决定召回8万多辆缺陷汽车。在人们的印象当中，召回汽车向来是丰田的专利，他们从全球召回汽车的数量越多，越能表明他们的市场占有率越高，还能表明他们不断改进纠错的自信心。没想到这次，轮到中国吉利汽车召回汽车了。这到底是怎么回事？

召回汽车

2019年1月9日，浙江吉利汽车有限公司向市场监管总局备案了缺陷汽车召回计划。

吉利集团旗下的浙江豪情汽车制造有限公司决定，召回2010年10月7日至2012年7月7日期间生产的部分吉利远景、吉利GC7汽车，共计42216辆。

吉利集团旗下的浙江吉利汽车有限公司决定，召回2011年7月5日至2012年5月31日期间生产的部分吉利帝豪EC7汽车，共计47441辆。

吉利汽车合计召回89657辆缺陷汽车，这些召回的汽车由于燃油泵零件可能存在安全隐患。在车辆使用过程中，缺陷汽车可能发生燃油泵碳刷与换向器的异常磨损，当磨损到一定程度会产生泵油中断，导致车辆行驶中熄火。

有问题缺陷就召回改进，表明吉利汽车已经拥有"回炉改进、回炉再造"的机制与自信。吉利汽车一切以用户安全为重，其次才是企业的，因为生命只有一次。

像牛一样做事，诚实、不忽悠，是李书福对自我的评价。李书福在自述中曾经提到："我很愿意做牛，因为只要有草吃，我就会很幸福；我很愿意做牛，因为牛吃进去的是草，挤出来的是奶，很有价值贡献感；我很愿意做牛，

因为牛可以为农民耕地，给农民带来快乐，很有成就感；我很愿意做牛，因为牛很诚实，不忽悠，很受人尊重；我很愿意做牛，因为牛总是有人帮助牵着鼻子，不会走错方向。"

消除安全隐患

在造车上，李书福始终坚持实事求是、诚实经营、不忽悠消费者。早在2017年，吉利汽车就召回超过18万辆车，只因一家日本供应商的安全气囊出了安全隐患。

2017年10月，吉利集团旗下浙江豪情汽车制造有限公司、成都新大地汽车有限责任公司、浙江吉利汽车有限公司，向国家质检总局备案了召回计划，计划召回超过18万辆缺陷车。

召回范围内包括吉利GX7、吉利SX7、吉利GX9（豪情SUV）、英伦TX4车等。这些车辆装配了日本高田公司生产的未带干燥剂的硝酸铵气体发生器。在安全气囊展开时，气体发生器可能发生异常破损，导致碎片飞出，伤及车内人员，存在安全隐患。

吉利汽车通过挂号信、电话、短信等方式通知相关车主，让全国车主前往就近的吉利汽车特约服务站进行免费检修。吉利汽车免费对涉及车辆更换改进型的驾驶员或副驾驶席乘员安全气囊总成，以消除安全隐患。

召回后免费检修、免费更换，展示了吉利汽车的态度，虽然做低端经济车，但安全永远放在第一，有安全隐患的车就要召回，将危险消灭在萌芽中。而漠视生命安全、犯错的日本高田公司，最终申请破产保护。

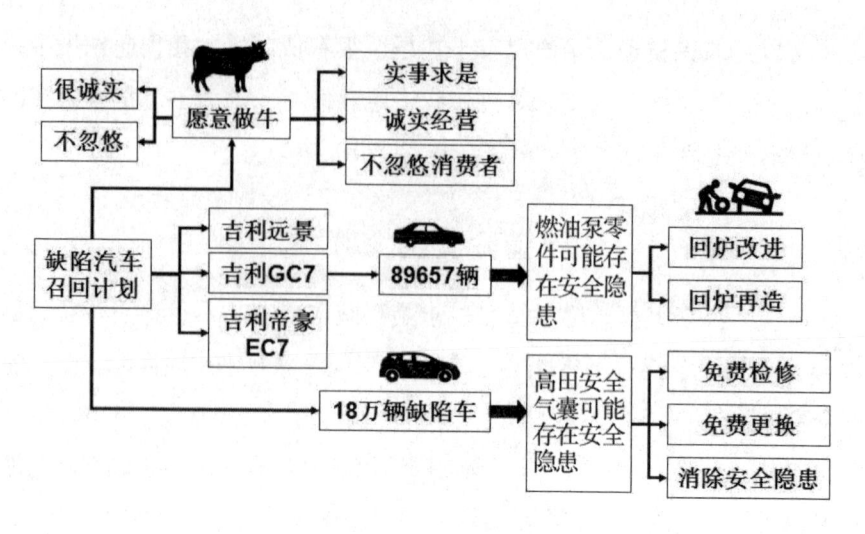

图35　吉利召回汽车

　　世界上有一些车企很少主动召回缺陷车，往往抱着得过且过的心态，一旦出了事就让用户去搞什么权威检测报告，或动用律师团队"折磨"用户，让用户知难而退、不了了之。吉利汽车大规模召回汽车，表明了一家企业敬畏生命、敬畏安全的良知。众所周知，召回汽车似乎是丰田的专利。2018年，丰田汽车曾经在全球范围内召回了200多万辆汽油混合动力汽车，此轮召回影响到大约125万辆在日本出售的汽车、83万辆在北美以及29万辆在欧洲出售的汽车。此外，丰田在中国以及非洲、大洋洲和其他地区卖出的汽车也受到影响。丰田方面声称，缺陷车在混动系统出现故障时，在某些罕见情况下，部分汽车可能无法切换到"失效安全"的驾驶模式下，可能导致失去动力并造成熄火。

成长图谱 6 怎样培养成功心态

1. **乐观向上,无所畏惧**。成功的心态就是初生牛犊不怕虎,敢于四处闯荡。像李书福那样,自己是从农村来的,天不怕地不怕,什么都敢想、敢做,失败了,还可回农村以"一亩三分地"安身立命。

2. **有自知之明**。知人者智,自知者明。像李书福那样,深知中国自主品牌汽车,本来就没那么大本事,就不要骗人家,去玩什么概念了。

3. **树立"我能行"的信心**。不要贬低别人,也不要轻易否定自己,但要坚信自己最终能成功。像李书福那样,虽然很多车企在做小型经济车,但他坚信自己能研发"性价比之王"吉利远景。

4. **荣辱不惊,培养爱好**。是非成败、荣辱得失,好比花开花谢、日出日落,周而复始,所以做最好的自己,不要受外界的干扰。像李书福那样,虽然成为中国汽车行业首富,却能做到心静如水。

5. **做自己想做的人**。在复杂的社会中,做自己是很难的,一般来说做到的人都成功了。像李书福那样,愿意做牛,因为牛很诚实,不忽悠。

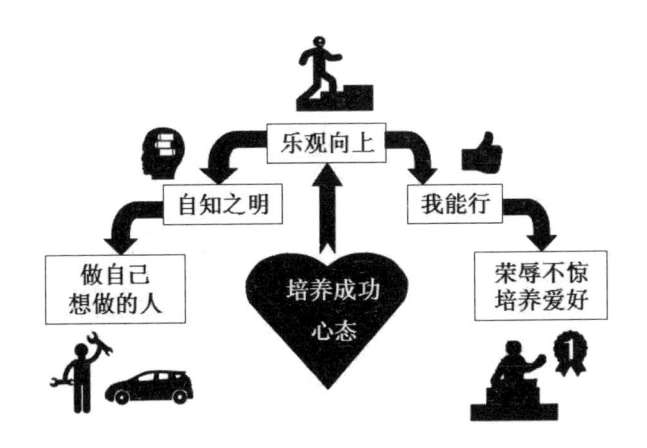

图36　培养成功心态

第7章 经验哲学：必须要有信心，必须要有操作其他产业的经验

> 作为一个汽车公司，要想从无到有、从小到大去发展的话，你必须要有信心，必须要有操作其他产业的经验。否则，面对全球那么多的汽车公司，如通用、福特、丰田，吓都吓死你了，还搞汽车？！
>
> ——李书福

1. 懂技术：必须要对汽车很有研究

2015年的一天，在科技感很强的吉利汽车经销店里，有个车主拿着计算器和笔记本，正在埋头算一笔账，他要对比新能源纯电动车和普通燃油车的各项成本，搞清楚到底买哪类车更划算。

先算账再买车

先算保养费。新能源纯电动车在保养的时候只要检查电池和电动机就行了，只要不更换电池组基本花不了什么钱。而普通燃油车则需要更换机油、机油滤芯等，一年下来至少需要花1000元左右。

再算出行成本。普通燃油车百公里耗油平均约为9升，汽油以6元每升算，计算下来便是54元。如果一年开1万公里，就是5400元。新能源纯电动车百公里耗电20千瓦时，按照商业用电标准1元1千瓦时，要花20元，如果一年开一万公里，就是2000元。

再算售价。新能源纯电动车与普通燃油车价格不相上下，但它有国家和地方补贴，可以省下一大笔钱。普通燃油车价格虽然低，但是没有补贴，还要交很多新车购置税。

最后，车主积极响应国家倡导的绿色出行、低碳出行的生活方式，果断买了一辆吉利帝豪EV。

2015年底，吉利汽车推出第一款纯电动车型——吉利帝豪EV，打响了进军新能源市场的第一枪。随后，推出的吉利帝豪EV450，售价15万元，拥有400公里的续航能力，让市场为之振奋。相比之下，特斯拉生产的特斯拉Model 3纯电动力，续航能力为600公里，但售价超过70万元。

在性价比方面，吉利汽车研发的纯电动车，直接把特斯拉生产的纯电动车拉下马。特斯拉（Tesla），是一家美国电动车及能源公司，产销电动车、太阳能板及储能设备。

与特斯拉过招

特斯拉进军中国的主要打法，就是以更长的续航里程与更高的价格取胜，主要针对年轻的高端消费群体。这与吉利汽车的打法有所不同，吉利汽车是"造老百姓买得起的好车"，所以十分注重实用与性价比，还通过不断的技术研究与升级，为老百姓省钱。

为了推动新能源车，国家出台了补贴政策，一般来说，纯电动车的续航里程越长，所获得的补贴就越多。

2018新能源车补贴方案出台，纯电动车续航里程150～300公里车型补贴分别下调20%～50%不等；续航里程300～400公里及400公里以上车型，补贴分别上调2%～14%不等；低于150公里续航里程的车型将不再享有补贴。按照目前的国家标准，调整后的纯电动车补贴，将从0到50000元不等！

吉利汽车研发的吉利帝豪EV450的续航里程超过400公里，可获得最高档的补贴等级5万元。车主购车立省5万元。

在电动机和电池升级后，吉利帝豪EV450的售价在13万至15万元之间。在这个价位区间里，拥有很强的竞争力。吉利帝豪电池种类为锂电，电机数为1个，最高时速可达140公里，最大行驶里程为400公里，充电兼容公共充电桩，充电方式有快充与慢充。快充时间为半个钟头，车主喝杯咖啡的时间刚刚好，慢充时间为9个小时，可白天开车夜间充电。

目前，新能源纯电动车只适合在城市内行驶，而跨城和跑长途则比较吃力，因为续航能力有限。这需要吉利汽车不断升级电动机和电池升级，持续进行研究，才能追赶特斯拉纯电动车(如特斯拉Model S售价70万～80万元)，拥有超过600公里的续航能力。由于美国特斯拉纯电动车属于进口车，非国产，所以不能获得新能源补贴。

对于研究汽车，李书福深有体会，只有深入研究，才能创造奇迹，农民通过研究机器也会成为专家。李书福说："想要成功必须要对汽车很有研究，各项指标。通过两年多的政策研究与持续申请，吉利汽车最终拿下保险代理牌照，在销售汽车同时，还可以提供上车险等增值服务。

不触政策红线

在中国市场环境中，民企获得牌照是不容易的，所以企业家需要长时间研究政策并按照国家的规定来执行。支付宝获得支付许可证的牌照也是如此。

2011年央行规定，关于支付许可证的企业必须是100%内资。于是，阿里巴巴集团将支付宝的所有权转让给马云控股的另一家中国内资公司。据此，引发与阿里巴巴集团的另外两家大股东雅虎和软银的股权争议。有股东质问马云是否有契约精神，但是马云回应支付宝股权转让不完美但是正确的。

因为要想获得支付牌照，必须得按照国家央行的规定来办事，美国雅虎和日本软银都属于外资，触了政策的红线，所以必须这么做，将支付宝转为100%内资企业，才能让支付宝获得合法的牌照。在完成支付宝所有权100%内资之后，2011年5月26日，支付宝获得央行颁发的国内第一张支付业务许可证（业内又称"支付牌照"）。

图38 提前布局，喜获保险代理牌照

造车、做制造业要特别注意了解政策，了解改革开放以来的一系列相关的方针政策，这样可以让企业少走弯路、少撞墙。比如2019年国家正积极推行国六排放标准，有些车企无视相关政策法规，强推国五排放标准的汽车，有些城市有些车一下线就不能入户，输在了政策上，也输在了生产线上。正因为这样，李书福是比较聪明的，他通过研究政策，预判政策走向，并在政策最终落地之前，做一些大胆的创新，如吉利推出的 2019 款高动力智慧 SUV 吉利宾越，搭载自主研发的涡轮增压发动机就是依据国六排放标准来设计的。

3．参与感：必须亲自参与从无到有、从小到大的企业发展全过程

2010年12月的一天，寒风凛冽、大雪封山，宅男宅女们贪恋被窝、足不出户。喜欢网购的年轻人一打开淘宝商城就惊奇地发现，吉利汽车在淘宝商城开出了网店，预售熊猫1.3L～5MT舒适版、尊贵版，再看看网销政策，消费者只要预先支付288元定金，就能以不错的折扣入手这两款汽车……

试水汽车电商

"288元预定吉利熊猫"，这是吉利汽车试水汽车电子商务的杰作，先以较低价格锁定目标人群，再给全网最大优惠，让消费者主动完成网购的所有环节。

此前，李书福曾经高调宣称吉利汽车要试水汽车电子商务，并积极参与其中。吉利电商的具体操作方法就是：先网上预定，再线下试驾，最后买单提车。

消费者在线上预付了288元定金后，就有资格以较大折扣购买这两款汽车。但是并非"下定了一定要买"，中间还安排消费者到全国就近的4S店试驾，消费者在清楚了解汽车性能和价格之后再决定是否买单。

这种做法，把线上揽客与线下体验结合起来，操作起来也比较顺畅。而且吉利熊猫1.3L～5MT舒适版、尊贵版这两款车型，消费者只能在网上购买，4S店一律不出售。这是为了区别线上和线下4S店购车而特意推行的差异化营销策略。

李书福不仅要造好车，还要想着如何多卖车，积极参与企业发展的每一个阶段。李书福说："做企业必须亲自参与从无到有、从小到大的企业发展全过程。为什么？因为作为一个汽车公司，要想从无到有、从小到大去发展的话，

你必须要有信心，必须要有操作其他产业的经验。否则，面对全球那么多的汽车公司，如通用、福特、丰田，吓都吓死你了，还搞汽车？！从无到有，从小到大的经历，我具备了。"

销售打法

在销售中，吉利汽车主要有五种常规打法：

一是4S店集中开业活动。在全国范围内有时候同时建立几百间4S店，然后选择某个好时机统一开店销售主打车型，形成强大的市场冲击力。

二是新产品不断推出，给用户更多选择的机会。吉利汽车在小型经济车吉利金刚、吉利远景的基础上，不断推出高端车，如吉利博瑞GE、帝豪GS等全新精品车型，还推出吉利博越SUV、嘉际MPV等新产品。

三是注重渠道建设，吉利汽车以"注重生态、合理布局、良性竞争、优胜劣汰、三网统筹、融合共赢"的渠道发展原则，建立全国近千家经销商网络，不断升级改造经销商门店。如新增了VIP休息室、开放式洽谈区等，门店看起来更加现代化、科技感更强。

四是提升客户的体验感。通过升级店面形象、提升服务人员形象、多维度关怀客户等实际行动，在用户生命周期全流程，加强体验和满意度管理，让消费者"看到吉利、选择吉利、满意吉利"。

五是构建4S店为主，电商为辅的汽车新零售。在网购时代，吉利汽车电商＋4S店双管齐下的销售模式，决胜终端。目前,吉利自建电商平台蓝色商城，同时在天猫和汽车之家等第三方电商平台开设网上旗舰店。

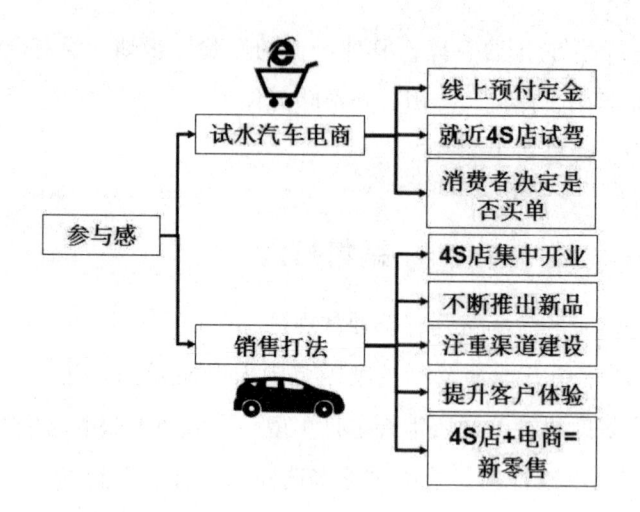

参与感
├─ 试水汽车电商
│ ├─ 线上预付定金
│ ├─ 就近4S店试驾
│ └─ 消费者决定是否买单
└─ 销售打法
   ├─ 4S店集中开业
   ├─ 不断推出新品
   ├─ 注重渠道建设
   ├─ 提升客户体验
   └─ 4S店+电商=新零售

图39　参与企业发展全过程

　　企业家与天使投资人不同，企业家要参与企业从无到有、从小到大的发展过程，而天使投资人基本不参与企业管理。企业家参与企业发展的全程，对企业会更有感情，往往视企业如孩子、视企业如生命，李书福创办吉利汽车，从拆车研究开始起步，经过多年拼搏才发展成为上市集团公司。有一些企业家在"功成身退"之后，转型为天使投资人，不再参与企业的发展全过程，虽然也获得不少回报，但是参与感少了、成就感也少了。如雅虎（Yahoo）联合创始人杨致远，在2012年的时候辞去了雅虎的所有职务，转型做天使投资人，成立了云雨创投公司，它瞄准的是处于种子阶段的小企业，投资领域包括人工智能、生命科学等。

4. 先成事：创业成功的关键，就是要不顾一切先把事做成

有一天，交警在高速公路巡查时发现，车主王某开的车子只能坐下 5 个人，但是他为了省事、省钱却将两个孩子放在了后备厢。交警经清点核查，该车实载 7 人，超员 2 人，系超员 20% 以上的交通违法行为，于是作出了扣 6 分罚 200 元的处罚。可见，"二胎"时代，人们对于汽车空间的要求越来越大了，要不然车里坐不下，只能把孩子和老人塞后备厢了。

第一台MPV

2015 年以来，国家全面实施一对夫妇可生育两个孩子的政策，不少家庭紧急添丁。所以，不论对于房子，还是对汽车空间的要求也越来越大。为了适应时代的需求，吉利汽车在 2018 年推出了吉利第一台 MPV（多用途汽车）——吉利嘉际。

在空间方面，吉利嘉际设计为 5 门 7 座中型车，长宽高分别为 4706 毫米、1909 毫米、1690 毫米，轴距为 2805 毫米，内部空间还是相当充足的。吉利嘉际可以说是很多二胎家庭出行的首选，父母加车主两对夫妇，再加上两个孩子，6 人一起出行毫无压力，空出的 1 个位置还可以放一些孩子的奶粉、尿片什么的。

在价格方面，吉利嘉际各种型号的售价在 9 万元到 13 万元区间，比那些 7 座面包车要高档得多，比 30 万元的东风本田艾力绅要省下一大笔钱。

在动力方面，吉利嘉际搭载 1.5T 涡轮增压发动机，可以输出 184 马力，最高时速可达 190 公里，跑高速、瞬间加速超速都没问题。

不顾一切把事做成

吉利嘉际的上市销售，进一步补全了吉利汽车的产品线。目前，吉利汽车两厢轿车（如吉利金刚CROSS、吉利新美日两厢）、三厢轿车（如吉利远景、吉利新帝豪、吉利缤瑞、吉利博瑞等）、SUV（如吉利缤越、吉利星越、吉利博越等）、MPV（如吉利嘉际、吉利嘉际PHEV）产品全都有了。

李书福说："创业成功的原因有很多，但最关键的是不能有太多功利的诉求，要不顾一切先把事做成，如果考虑太多个人收益，根本就做不成事。"

创业成功就是要不顾一切先把事情做成，不要考虑太多个人收益、个人得失，因为在市场竞争中有"成王败寇"的潜规则，只有成功者才有更多发言权。李书福原本是研究两厢车的，后来根据市场需求不断研发推出了三厢车与SUV，在"二胎"时代，又推出MPV，只有把适销对路的新车研发出来、把事情做好，才能获得持续成功。

5．利民众：为了大多数人的利益，就让一小部分人来指责吧

2019年4月，中国豪车市场受到了来自吉利降价的冲击波，由吉利汽车与沃尔沃汽车合资打造的高端品牌领克汽车闪电般大幅度降价，重燃起了国人的豪车梦。历来，豪车太贵，常常是买得起、开不起，现在领克汽车降价，让更多国人开起了豪车。

领克降价

此前，李书福制造小型经济车，造让老百姓买得起的好车，现在他有一个新梦想，就是让老百姓都开得起豪车。领克汽车大幅度降价，对中国老百姓十分有利、对中国豪车推广也十分有利，因为它能让更多人享受优惠，享受豪车所带来的高品质出行体验。

在降价中，领克01和领克02高配置的汽车降价4000元，这两个系列的其他汽车降价3000元，还有领克01 PHEV和领克03全部系列的汽车都降价3000元。几乎所有汽车都有3000元以上的降价。一般车企降价只是降1000元，现在领克汽车直接降三四千元，降价幅度相当大，如果领克汽车销售出1万辆的话，那就是给消费者让利三四千万元了。

在价格改动后，领克汽车的价格越来越亲民，领克01系列价格变为15.58万元起，领克02系列汽车价格变为11.98万元起，领克03系列价格变为11.38万元起.。

这次降价让广大消费者欢欣鼓舞，因为他们可以花更少的钱，"占尽了豪车的便宜"。当然，也有一些生产豪车的企业不高兴了，因为领克汽车通过降价动了他们固守的市场蛋糕，像其他豪车本田CR～V售价18万元、日产奇

骏售价 22 万元、奥迪 Q3 售价 30 万元、宝马 X1 售价 36 万元，在领克汽车降价后，销量受到一定的冲击与影响。

中国式豪车

领克汽车，被很多消费者称为"中国式豪车"，它到底"豪"在哪里？

第一，品牌豪气。它是吉利汽车与沃尔沃汽车合资打造的高端品牌，沃尔沃是瑞典著名豪华汽车品牌，而吉利汽车则是中国知名自主品牌，两大品牌合资生产的领克汽车，既有沃尔沃的技术，又有吉利汽车的销售与售后服体系。

第二，在动力方面。领克使用的是沃尔沃 T4 动力系统，也就是沃尔沃 S60 发动机，可输出 300～400 马力，从豪车"心脏"各项指标方面看，领克汽车的整体表现已经超过了很多国产品牌。

第三，在安全方面。领克汽车在设计之初就融合了被动安全、主动安全、行人安全、环境安全和财产安全等多种安全技术。经过测试，领克汽车在 100% 正面刚性壁障碰撞试验、40% 正面偏置碰撞试验、侧面碰撞试验及座椅鞭打试验中分别获得了惊人的高分，其中侧面碰撞试验和座椅鞭打试验更是获得了满分的成绩。

领克汽车可以为车主及其家人带来全方位安全呵护，所以"越贵的车越安全"是有一定道理的。领克汽车降价让更多人开上了豪车，让更多人享受高品质、安全出行的梦想。

几家欢乐几家愁。领克汽车降价有一部分人高兴了，那就是很想买豪车的、但钱不多的消费者。另一部分人却不高兴了，如那些生产豪车的合资企业，摆出各种高冷态度、让毫车价格不断虚高的经销商们。李书福曾经说过："如果我做的事是为了我的事业和大多数人的利益，那就让一小部分人来指责我吧！"

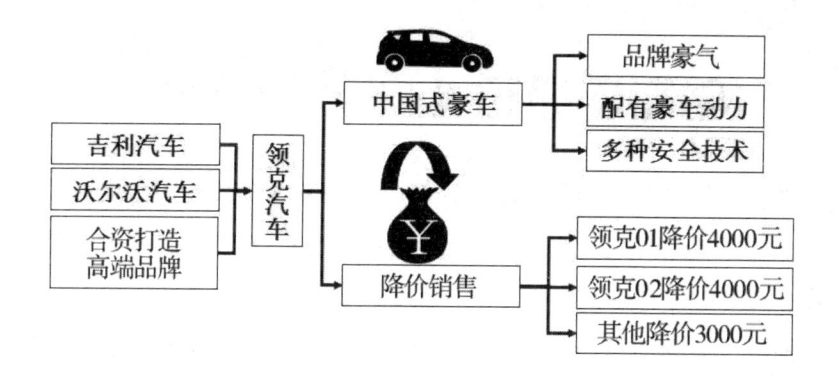

图40　中国式豪车——领克

　　李书福的商业理念，有种利他、利众主义，就是自己做的事情，是为了大部分人的利益着想，而不是为了少部分人的利益着想。日本商业实业家稻盛和夫十分推崇利他主义。1959年，稻盛和夫创立了京瓷公司，几十年来稻盛和夫一直是京瓷研发带头人。有一次，他要研发"梦里看到的鲜亮陶瓷"，不知道砸掉了多少样品。因为他不仅卖陶瓷，还要给人们高尚的生活品味、让人们花点小钱，就能得到"鬼斧神工一般的作品"。他说："君子爱财，取之有道。君子散财，行之有道。这是利他之心的回报，为对方着想似乎伤害了自己利益，但却带来了意想不到的成果。"

成长图谱 7 怎么快速获得实践经验

1. 学习一门技术。隔行如隔山，每一行都有每一行的"深水区"和"潜规则"，只能亲自参与学习实践，才能掌握相关行业技术。像李书福造车，他必须要对汽车很有研究。

2. 做一些兼职项目。年轻人做兼职项目，可以广泛接触社会，了解市场需求与痛点，在提高经验值的同时，也容易形成新的商业模式。

3. 资料搜索与实地调研。利用互联网搜索国内外的相关行业知识，并在实地调研中不断补脑更新。像李书福了解与研究改革开放的一系列方针与政策，这样造车的时候就走有弯路。

4. 积极参与。"纸上得来终觉浅，绝知此事要躬行"，不论事情大小，都要积极参与，才能不断提高经验值。像李书福全程参与了吉利从拆车研究到开发小型经济车，再到发展高端车、新能源车的全过程，经验也越来越丰富。

5. 为他人着想。在实践中要设身处地为他人着想，为他人创造价值，自己才更有价值。像李书福造老百姓买得起的好车、让领克豪车降价，都是做有利于消费者的事情，经验告诉我们"越利他就越利己"。

图41　获得实践经验

第8章

创新哲学：创新就是洞察市场需求，将各种资源重新配置和组合

> 所谓创新，就是基于对商业环境和市场需求洞察基础上，审时度势，将各种资源重新配置和组合，使企业获得稳健可持续的发展。
>
> ——李书福

1. CVVT发动机JL4G18：世界先进、中国领先

2007年5月的一天晚上，央视一套《晚间新闻》时段插播了吉利首款中级商务家用轿车吉利远景的广告片。在片中，吉利方面宣称该车型搭载的CVVT发动机性能达到世界先进，中国领先的水平。一时间，整个中国汽车行业都为之沸腾：中国人也可研发自己的发动机了，而且在技术上还达到世界先进水平……

硬气广告片

历来中国自主品牌汽车企业给人的印象都是"模仿＋廉价＋低端制造"的印象，没想到吉利汽车的广告居然这么硬气。

其实，这次吉利汽车广告片的播出也是一波三折。

2006年8月，吉利汽车自主研发的我国首款CVVT发动机JL4G18在吉利宁波基地正式投产，这是吉利技术创新的里程碑，标志着我国汽车核心零部件研发已经与世界接轨。

CVVT是英文Continue Variable Valve Timing的缩写，翻译为连续可变气门正时机构，它是给不同的发动机工作状况下匹配最佳的气门重叠角（气门正时），改变发动引擎的吸排气时间，既可以提高发动机的工作效率，又可以减少燃油消耗。

吉利自主研发的CVVT发动机JL4G18，创造了四个"第一"：吉利第一台高性能发动机、中国第一次采用目前世界最先进的CVVT技术研发的发动机、第一台国产全铝缸体发动机、中国第一次采用塑料进气歧管。

吉利CVVT发动机JL4G18是吉利集团历时三年，耗资数亿元自主开发的高升功率、大扭矩、低排放、低污染的新一代轿车用发动机。它采用了全铝

缸体缸盖、塑料进气歧管、先进的CVVT技术，从而提高发动机在所有转速范围内的动力性、燃油经济性，降低尾气的排放，使排放达到欧Ⅲ标准，并具有良好的经济性和动力性。

发动机三强

吉利现在推出的CVVT发动机JL4G18是以丰田VVT技术为基础开发，并联合德国FEV公司共同研究的、借鉴了欧美发动机的最新技术，融合了不少创新元素，如发动机电控系统、进排气系统、电子油门技术均采用了国际最新技术，采用了轻巧的铝合金缸体，使其动力性大大加强，油耗和排放大大降低，使其各项性能指标达到或超过丰田双VVT～i发动机和本田i～VTEC发动机，在国际市场自然吸气发动机中处于三强地位。

经过国内专家组（分别来自中国工程院、吉林大学、天津大学、浙江大学、江苏大学、中汽研中心等单位）鉴定，吉利CVVT发动机JL4G18最大功率为57.2KW，油耗在250g/KW.h以下，整车排放达到欧Ⅲ标准，处于国际先进水平，属国内领先。

为了推广这一新型发动机，李书福决定在央视上播放广告片。

最初中央台的广告审查是通不过的，他们回复说："你这个民企吉利汽车，怎么敢说世界先进，中国领先？你们必须出具国家的权威机关的认定，广告才能播出。"

后来，李书福给央视提供了很多发动机发明的相关资料，还提供了国内很多专家的鉴定意见，出具了"国际先进，国内领先"的相关鉴定报告。

见到权威鉴定报告后，央视才敢公开播放。继央视一套《晚间新闻》时段播出的广告外，后来李书福又增加在央视一套《新闻联播》之后和央视五套晚间黄金时段播出，进一步加大吉利CVVT发动机"世界先进、中国领先"的宣传力度。

李书福说："吉利是国内首家也是唯一一家拥有此项技术的汽车企业，至今，国内没有第二家汽车公司或者发动机公司说已经超越了吉利的发动机。"

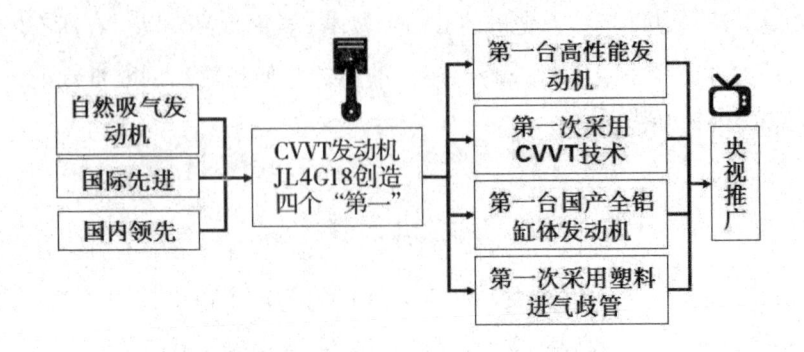

图42 自主研发CVVT发动机JL4G18

技术创新推动世界不断向前发展。发动机的发展，经历了蒸汽机、外燃机和内燃机三个发展阶段。1776年，英国人詹姆斯·瓦特制造出第一台有实用价值的蒸汽机，使人类进入"蒸汽时代"。1816年，苏格兰的斯特林发明了外燃机，将机器燃烧产生的热能转化成动能。1883年，德国的戴姆勒成功发明第一台立式汽油机，它的特点是轻型和高速。2006年，吉利汽车发明的CVVT发动机JL4G18，在各项性能方面一举超越丰田和本田的自然吸气发动机，让吉利获得了长达十几年的稳健发展。可见，科技创新是企业稳健可持续发展的源泉，也是一个国家经济迅速崛起的动力源泉。

2. 形成核心竞争力、可持续发展，不是一件容易的事

2013年2月，瑞典哥德堡，春暖还寒、万物复苏，卡特加特海峡岸边的冰层渐渐消融，船只静静地停泊在约塔运河畔上，屋顶有少许积雪点缀、街道行人稀少，这是一年当中最为静谧的时光。在这个季节里，来自中国浙江的吉利人一边忍受着北欧的寒冷，一边在这里设立研发中心。

吉利汽车欧洲研发中心

2013年2月，浙江吉利控股集团在瑞典哥德堡设立欧洲研发中心，整合旗下沃尔沃汽车和吉利汽车的资源，打造新一代中级车模块化架构及相关部件，以满足沃尔沃汽车和吉利汽车未来的市场需求。吉利汽车欧洲研发中心，英文简称CEVT，设立在瑞典哥德堡市的Lindholmen科技园内。

李书福给他们的首年的运营费用在4亿人民币左右，目前CEVT拥有2000多名员工，其中外国员工1500多名，国内员工500多名。

随着研发人员越来越多，吉利汽车欧洲研发中心的功能也越来越多，现阶段的工作包括研发共享架构、底盘、动力总成、传动系统、车体、车型外观设计、整车采购、质量管理以及新产品的市场营销等。

该中心研发的CMA是沃尔沃和吉利联合开发的模块化架构，总体投资规模约为200亿人民币，为吉利汽车和沃尔沃汽车提供下一代中级车模块化架构体系，沃尔沃汽车和吉利汽车可以实现平台共享。比如吉利与沃尔沃未来所有产品的车内空调系统就将基于CMA模块化架构开发。谁投资谁受益，该研发中心的所有知识产权将归属吉利控股集团。

研发工作没有局限

吉利汽车欧洲研发中心成立后，成功吸引了很多曾效力于通用、福特、沃尔沃、雷诺等汽车行业里的资深专家。方浩瀚就是一位"研发大牛"，吸引他的不仅是高薪职位，还有"从无到有、创造奇迹"的无极限梦想。

方浩瀚现任吉利汽车欧洲研发中心第一任 CEO，他曾担任通用汽车欧洲整车系统执行总裁、萨博汽车产品开发执行总裁以及沃尔沃副总裁等。2013年9月，在 CEVT 投入运行后，为了便于 CEVT 与吉利汽车在研发上的融合，方浩瀚还在吉利汽车研究院担任常务副院长。

方浩瀚是典型的瑞典人，他曾在萨博汽车研发部门任职长达十年的时间，在萨博相关资产被北汽等中国企业收购后，方浩瀚转而加盟沃尔沃。2012年沃尔沃给他的职位是产品开发和技术创新副总裁。不过，李书福给的职位更有吸引力。2013年2月，CEVT 开始筹建，他被任命为 CEO。

方浩瀚说："在 CEVT 工作的好处是没有局限，我面对的是一张白纸，通过从零开始搭建一个新的基础架构，满足沃尔沃的产品开发需求，也让吉利汽车脱胎换骨。"

李书福之所以要在瑞典哥德堡花巨资成立吉利汽车欧洲研发中心，就是要形成吉利的核心竞争力，因为汽车产业经过一百多年发展，只有抓住持续研发这一核心竞争力才能立于不败之地。李书福说："建一个汽车厂、造一辆车都不难，但如何形成核心竞争力、形成可持续发展，不是一件容易的事。"

面对竞争，李书福既打造现代化汽车制造厂，又设立全球研发中心，步步为营、持续研发，最终形成核心竞争力。在互联网时代，有一些造车新势力没有汽车研发的核心竞争力，却喜欢把"漂亮的PPT"和"打嘴炮的吹牛能力"当成竞争力。苹果造车遇阻就说明互联网造车是艰难的。

苹果作为美国高科技公司，原来专业生产电脑与手机，2016年苹果突然宣传要造车，并给自己的造车项目起了个名字叫"泰坦计划"。该计划研发自动驾驶纯电动汽车，预估到2030年苹果汽车项目市值可达6.7万亿美元。不过，苹果造车却是命运多舛，在造车不久，就传出公司汽车项目裁员、暂停计划的消息。现在，对于造车而言，其门槛是越来越高。互联网公司造车更加难以成功，因为一款汽车产品，需要经历研发、设计、制造、测试、量产多个阶段，其中需要大规模的资金消耗、大量的人员协作，以及各个环节上极强的技术研发能力。苹果虽然已经玩转了手机，但在造车方面还没有形成核心竞争力。

3. 中国的自主创新要有自己的尊严，要有人格

2003年11月24日，北京市第二中级人民法院大楼巍峨耸立，上面的国徽熠熠生辉，被誉为"中国汽车知识产权第一案"的丰田投诉吉利美日商标侵权正式宣判：吉利获胜。

这时，李书福终于松了一口气，丰田向吉利汽车索赔的1400万元瞬间化为泡影，丰田方面作为原告还要负担案件受理费8万多元人民币，真是得不偿失。

中国汽车知识产权第一案

2005年9月，吉利两厢车吉利美日之星在成都车展隆重上市，售价为3万至4万元，竞争势头直逼奇瑞QQ，市场形势一片大好。没想到法院一场诉讼打乱了吉利美日汽车销售的节奏。

这件案件的起因是丰田认为吉利美日车标图酷似其"小地球"造型，侵害了丰田的商标权；同时还认为吉利"丰田动力、价格动心"的宣传语是不正当竞争行为，为此向吉利汽车索赔1400万元，号称"中国汽车知识产权第一案"。

在这场旷日持久的诉讼案中，丰田"三告"，均无功而返。

丰田一告：吉利公司使用美日图形商标与丰田图形注册商标近似，容易对消费者产生误导，已构成商标侵权。

法院认为，将丰田图形注册商标与吉利公司所使用的美日图形商标进行隔离观察比对，凭借上述相关公众的一般注意力，能够判断出二者在整体视觉上存在着较大的差异，两个图形商标主要部分的线条结构也明显不同，相关公众不会将二者混淆或误认。

丰田二告：吉利公司宣传时使用的"丰田"及"TOYOTA"文字构成对丰田注册商标专用权侵犯，其行为构成不正当竞争。

法院认为，吉利公司在宣传时使用"丰田"及"TOYOTA"文字，是对汽车发动机所具有的性能、来源进行说明，并未将"丰田"及"TOYOTA"文字作为汽车的商品标识予以使用，不属于我国法律规定的侵犯注册商标专用权的行为。

丰田三告：北京亚辰伟业汽车销售中心销售的涉案美日汽车以及所实施的宣传行为，构成对丰田注册商标专用权的侵犯及不正当竞争。

法院认为，亚辰伟业汽车销售中心销售的美日汽车是由吉利公司制造和提供的，其所作宣传的内容源于吉利公司，因此，也不会构成对丰田注册商标专用权的侵犯及不正当竞争。

丰田"三告"吉利最终败诉。

自主创新要有尊严

李书福回忆说："丰田也和我们打官司，说我们美日的商标跟他们很像，打官司后说我们可以用，但是我们后来就没有用了。因为我用的话，丰田肯定还要说，说你这个东西跟我太像，所以你卖得好，虽然我们官司赢了，但是我们不用了。所以，这些东西要注意，避免摩擦。从法律上讲，中国相对来讲跟欧洲、美国的法律是不一样的，关于知识产权方面的法律解释是完全不一样的。在欧洲和美国，他们认为谁发明这个东西知识产权就是谁的，无论你申请了注册还是没有申请注册都是一样的，我们中国不是这么说的，谁注册了就是谁的。"

有一年，吉利卓越在上海车展展出，有人说吉利卓越这个车的造型跟劳斯莱斯太像，劳斯莱斯也派人来跟吉利商讨此事。后来，李书福说："我们改，我们的造型要全部跟他们不一样。我觉得我们中国的自主创新首先要有自尊，这个是很重要的，要有自己的尊严，要有人格。"

中国自主创新，在国际地位不高、形象不好，很多人持怀疑态度，所以吉利汽车对自己的自主创新有信心、敢于打国际官司，才能赢得别人的尊重。

李书福说:"因为自主品牌汽车品牌本身人家就觉得你不可靠,对你就不信任,所以在这种情况下,吉利为了证明自己的技术是很领先的、质量是很可靠的,你要用事实来告诉人家。所以,要设计一款高端的车,证明我们的技术、品质等各方面是走在世界前面的。"

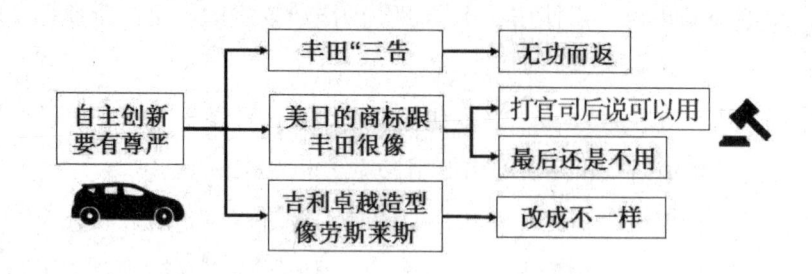

图43 自主创新要有自己的尊严

有尊严的企业才会赢得人们的尊重,中国企业自主创新要自己的尊严,吉利汽车虽然赢了官司,但也不用有争议的旧标了,这体现一个企业的尊严。后来事实证明,吉利汽车即使不使用疑似丰田车标也能卖得很好。

4．首创主动安全技术——爆胎监测与安全控制系统

2008年1月，北美国际汽车展在底特律召开，春风满面的李书福向广大嘉宾朋友朗声宣布："中国吉利汽车爆胎监测与安全控制系统研制成功！"

瞬间，整个北美国际汽车展都震惊了，整个底特律都轰动了，日本人、美国人解决不了的技术问题，被中国人解决了。当地媒体还誉为"中国人成功破解汽车安全技术的'哥德巴赫猜想'，中国的汽车研发技术给了世界一个惊喜"。

安全技术的"哥德巴赫猜想"

汽车高速行驶中突然爆胎转向而导致车毁人亡的事故屡次发生，难道就没有攻克这难题的技术吗？2003年，吉利汽车率先提出爆胎监测与安全控制系统技术方案，并在中国工程院院士郭孔辉教授带领下，汇集国内外汽车力学、制动、人体生理学专家、学者进行长达4年的研究论证。经过研究，科学家们最终发现，要解决这一问题，必须在自动监控技术上寻求突破，以智能监控系统代替人脑反应，彻底化解由爆胎引发的灾难。

就这样，一项造福人类的汽车安全突破性创新技术，终于在中国、在吉利诞生了，它的英文缩略语叫作BMBS。

BMBS的核心是轮胎气压的实时监测和快速行车制动，使汽车在爆胎后能及时制动，增大车轮与地面的附着力，并在ABS的支持下，使车轮滑移无法产生。制动同时使爆胎车轮对应一侧正常车轮产生的制动力大于或接近爆胎车轮的滚动阻力与制动力之和，有效防止爆胎方向偏航。制动更能使汽车行驶速度快速降低，彻底化解爆胎风险。

100多年来，汽车安全技术如安全带、安全气囊、ABS等这些汽车安全技术都是外国人发明的。如今，吉利首创的爆胎监测与安全控制系统即BMBS

打破了这个格局，而且吉利的这一技术还要优于美国的 TMPS。

TMPS 只有监测轮胎气压变化并预警的功能，而吉利首创的 BMBS 除了这个功能之外，在汽车高速行驶中发生爆胎的一瞬间，BMBS 还会以智能监控系统代替人脑反应，暂时接管车辆，让车速在几秒钟内降到时速仅为二三十公里的安全速度，然后又自动解除接管，重新让驾驶员拥有对车辆的控制权，此时驾驶员可根据实际情况采取靠边停车等措施，这样就彻底化解了高速爆胎带来的财产和人身安全损害。

制造业需要科技创新

2008 年 4 月，北京。在北京国际车展的前一天，吉利当着全国媒体的面进行了 BMBS 的现场演示：一辆吉利远景以 135 公里的时速疾驶，"嘭"的一声，车轮上预装雷管引爆，高速爆胎发生，但是并没有出现危险状况，只见车速迅速慢下来，爆胎后的车辆没有偏离原来的方向，沿着笔直的跑道平稳停下。让在场的媒体嘉宾惊讶不已。

李书福说："在《中国制造 2025》的时代背景下，制造强国战略已经成为政府和企业的共识。中国制造业要提高竞争力，企业必须舍得投入，没有科技创新就没有强大的制造业。吉利近年来持续深化战略转型，强力推动技术创新和品质提升。吉利研发投入占销售收入达 12%。"

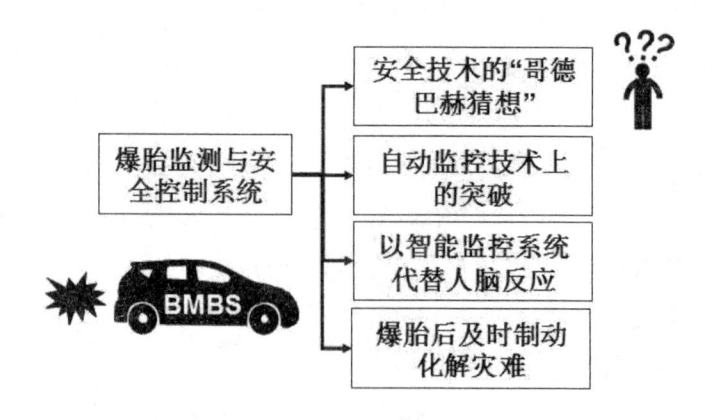

图44　研发爆胎监测与安全控制系统

吉利发明了BMBS，让中国在汽车技术方面扬眉吐气，正如李书福所说的那样，没有科技创新就没有强大的制造业。如ABS是英国人霍纳摩尔1920年研制发明并申请了专利。ABS是一项在20世纪80年代末才兴起应用的新技术，现在已经成为一般轿车的标准配置。ABS可在汽车制动时根据车轮的运动养成自动调节车轮的制动压力，防止车轮抱死。同理，自从吉利汽车发明了BMBS，现在很多汽车都安有这种安全系统。

5．有一种车子全世界是没有的，我要造出来

2015 年 12 月，第二届世界互联网大会在乌镇举办。吉利控股集团董事长李书福也参与了这次盛会，当人们对于"互联网＋"、传统企业如何借助互联网转型升级大谈特谈时，他却只喜欢谈车，谈一种奇怪的车——3 个座位的车。

3个座位的车

李书福说："有一种车子全世界是没有的，我要造出来，是我发明的，可能过两年就能投放市场，就是 3 个座位的车子。如果不是吉利并购了沃尔沃，沃尔沃想不起来的，因为西方人他开车就是开车，大部分都是自己开自己坐，所以他对坐车人的感受是不多的，而中国人大部分都是坐车的，坐在后面的座位上总觉得很多地方不适应，比方说视线不好，座椅的空间不够、舒适度不够、操作不便利等等一系列的问题，都要重新思考设计。"

汽车一般是 4 个轮子、5 个座位或者 7 个座位，现在李书福居然说要造一个 3 个座位的车子。大家都认为他在说胡话了。因为，在中国人们巴不得多安排一些座位，让全家老小都坐进去，可是李书福却"反其道而行之"做减法，把车子的座位设计为 3 个。

随后，李书福解释说："沃尔沃现在要开发一个这样的车子，专门为中国市场开发的，他们原来怎么也不理解，现在动工了。搞出来这个车子是什么呢？你人坐在后排，前排完全是配合后排的，这两排构成了飞机头等舱的感觉，完全可以配合，可以躺倒、躺平，可以坐起来，如果你有心情了马上一个大屏幕，很大的屏幕你就可以办公、上网都行，你要想睡觉的时候大屏幕下去变成一张床，你想控制空调、控制音响你都自己随便控制，控制屏幕随便控制。

现在全世界没有这样的车子。西方人不明白，说这个东西有什么用，当然现在还没投产，我相信这个车子投产以后在中国一定有巨大的市场。"

让老板心花怒放的车

沃尔沃方面得到了李书福的"军令"，迅速组织精兵强将研发，经过几年的努力，终于在2018年研发出沃尔沃S90 T8荣誉版。它是一款豪华行政级轿车，只有3个座位，但售价却超过100万元。

它的车身长、宽、高分别为5038毫米、1879毫米、1450毫米，取消了副驾驶的座椅，副驾驶后方的"老板位"直接拓展成了两排的空间，这是奔驰S级、宝马7系无法实现的。它不考虑实用性，而是全心全意提升"老板位"的乘坐体验。

它在原本副驾驶的位置增添了一个脚托，以及一块12.9英寸的iPad Pro平板电脑，让老板一边出行一边办公。此外，这款车的后排座椅还具备了通风、加热、按摩等功能，简直是陆地头等舱般的享受。

沃尔沃S90 T8荣誉版搭载沃尔沃T8动力总成，这套由2.0T双增压发动机和电动机组成的混动系统最大综合功率达到了407马力，百公里加速时间仅4.9秒，百公里油耗仅2.3L。动力强劲，而且油耗更少，这让老板们心花怒放。

随着中国经济的崛起，很多IT、房地产老板都拥有自己的私人飞机，但是中国对领空管理比较严格，私人飞机想在中国飞行，就必须向当地政府、民航部门和空军部门申请飞行航线，所以要飞起来并不是很方便。现在李书福推出的陆地头等舱沃尔沃S90 T8荣誉版，既给老板们飞一般的享受，又可以随心所欲地"自由行"。说到这里，大家终于明白了，原来李书福去乌镇参加第二届世界互联网大会，是去推销汽车的，向各位老板们推销3个座位的车。

发明只要是吻合市场需求的，就能获得源源不断的收益与广泛的市场应用的机会。李书福研发的沃尔沃S90 T8荣誉版，是为中国老板们度身定做的豪华行政级轿车，所以市场反应还不错。相比之下，达·芬奇造车，则略显尴尬。意大利著名科学家、文艺复兴代表人物达·芬奇在几百年前，就创新设计出了自驱式汽车，他设计的木制汽车由传动轮的交互弹簧驱动，是世界上第一个自行驱动的汽车。在达·芬奇那个年代，自驱式汽车似乎没有什么市场，因为人们普遍乘坐马车出行。2004年，佛罗伦萨一家博物馆的科学家照着达·芬奇设计的图纸制造了一辆木制汽车，发现汽车确实能按达·芬奇预想的那样行驶。

成长图谱 8　如何进行创新创业（"双创"）

1. **组建创新团队**。孤雁难飞，孤掌难鸣，组建创新团队十分重要。如李书福研发 BMBS 爆胎监测与安全控制系统时，就组建了厉害的创新团队，组员包括国内外汽车力学、制动、人体生理学专家、学者等。

2. **培养创业的兴趣**。兴趣是创业的开端，也是支撑创业者坚持不懈的源泉。如李书福对于拆车研究、造车十分感兴趣，所以他经过千辛万苦才研发出了 CVVT 发动机 JL4G18。

3. **贴近市场发现机会**。远离市场、不着边际的创新创业很难成功，所以我们要发现机会、调查评价，再形成商业计划、落地实施。如李书福研发的 3 个座位的车，就是在了解中国老板们的需求的基础上，才进行发明创造。

4. **创新要有尊严**。创新不是借鉴模仿，而是发明创造，从外观到内在功能都要异于其他产品。如李书福研发的吉利卓越，有人说造型像劳斯莱斯，李书福就全部改过来，使吉利卓越跟他们的完全不一样。

5. **筹集创新资金**。自筹资金、众筹资金、吸引天使投资和风险投资都是创新资金的来源，如果创业成功还可以从销售收入中拨出一部分资金作为创新资金。如李书福每年会把吉利销售收入的 12% 左右，投入于创新研究。

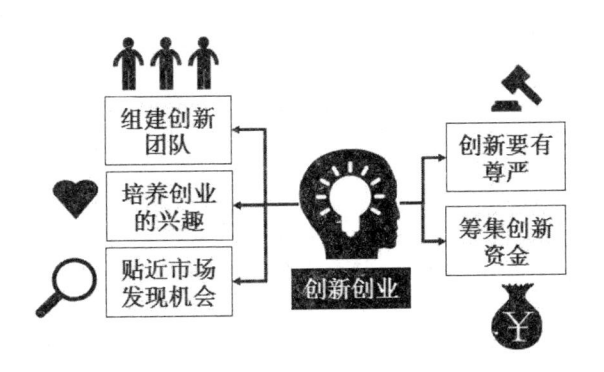

图45　进行创新创业

第9章

收购哲学：我是开放的全球主义者，不是狭隘的民族主义者

> 我是开放的全球主义者，我不是狭隘的民族主义者，我支持全球自由贸易，反对贸易保护主义，我支持中国汽车工业更加开放，鼓励中国汽车更好地走向世界，实现真正的你中有我、我中有你，推动世界各国经济合作多赢，给全球用户带来实惠，充分体现人类命运共同体理念。
>
> ——李书福

1. 收购瑞典沃尔沃汽车：获得更好的安全技术

2010年3月28日，哥德堡沃尔沃轿车总部，一面瑞典国旗迎风飘扬。在瑞典国旗的两旁，有两面五星红旗格外耀眼。

当天下午，在媒体的"长枪短炮"面前，吉利集团董事长李书福和福特汽车公司首席财务官刘易斯·布思在哥德堡沃尔沃轿车总部签署了协议。中国吉利集团以18亿美元从美国福特汽车手中收购了瑞典沃尔沃轿车公司100%的股权及相关资产。

"蛇吞象"的收购

这笔堪称"蛇吞象"的收购，是怎么完成的呢？下面我们对其进行详述。

沃尔沃是与奔驰、宝马、奥迪齐名的国际豪华汽车品牌，拥有82年的造车历史，在汽车安全和节能环保方面，有许多独家研发的先进技术和专利，被誉为"世界上最安全的汽车"。

1999年，福特汽车公司花了64.5亿美元收购沃尔沃，使沃尔沃成为福特旗下的全资子公司。而吉利收购沃尔沃的全部净资产，付出的价格仅有当年福特收购价的三分之一左右。因为，福利收购沃尔沃后，经营陷入困境，销量一路下滑。

2008年底，福特公司实在扛不住了，于是标价60亿美元出售沃尔沃。但数据显示，沃尔沃多年亏损根本不值这么多钱，因此有分析机构指出，沃尔沃的市值已少于30亿美元，实际收购价可能低于15亿美元。于是，福特公司重新完成了对沃尔沃的评估，表示可以适当降低收购价格，并通过投资银行对一部分中国企业发出出售沃尔沃的情况说明。

当时，有多家中国汽车企业作出回应，包括吉利、北汽、长安等。然而，就在其他企业观望的时候，李书福立刻组建了谈判团队赴欧谈判，以充分的诚意消除沃尔沃在企业理念、收购价格、是否裁员等核心问题方面的疑虑。

当时，吉利组建了一支多达几百人的专业的谈判团队，以全球并购顾问洛希尔公司出面，汇聚了全球顶尖的律师事务所富尔德、会计师事务所德勤、著名汽车咨询公司罗兰贝格以及著名企业并购公关公司博然思维，对沃尔沃进行全面客观的评估，一举击退了所有竞购对手。

打动沃尔沃工会

在谈判过程中，沃尔沃工会是一块难啃的骨头。虽然，吉利做出了相关的承诺，但沃尔沃工会仍然呼吁瑞典政府关注此事，以防止沃尔沃出售后出现大规模裁员。

2009年10月，福特汽车正式宣布，指定浙江吉利控股集团牵头的财团作为旗下瑞典汽车品牌沃尔沃的首选竞购方。

为了进一步消除沃尔沃工会的余虑，李书福同福特公司高管共同飞赴瑞典哥德堡沃尔沃汽车总部，同沃尔沃工会代表进行面对面恳谈。

恳谈会一开始，沃尔沃工会成员就先声夺人地问李书福和福特汽车代表："你们能不能用三个词来说明，为什么吉利是最合适的竞购沃尔沃的公司？"

福特公司代表一时间无言以对，场面一时陷入尴尬。这时，李书福站起来，用英文说："我想说的三个词就是 I love you！我爱你们，我也爱沃尔沃这个品牌，能够运营好沃尔沃品牌以及爱护沃尔沃的员工、保障沃尔沃员工的利益是吉利的责任和义务！"

李书福暖心的话语，瞬间击碎了工会与资方的隔阂，打动沃尔沃工会，赢得了瑞典人的普遍好感，也赢得了现场热烈的掌声。

搞定了沃尔沃工会，后面谈收购的事情就顺利多了。2009年12月，吉利宣布已与福特就收购沃尔沃的所有重要商业条款达成一致，2010年2月李书福组建的收购团队，积极谋划在哥德堡沃尔沃轿车总部与福特签约的事情，最终完成了开头所描述的"蛇吞象"的收购，直接向福特支付现金18亿美元。

当时，吉利汽车在企业规模、研发水平以及销售额等方面，与沃尔沃还有很大差距，对于这次"蛇吞象"，吉利控股董事长李书福自信满满，对利用中国庞大的市场使沃尔沃扭亏为盈充满信心，他说："沃尔沃之所以陷入亏损，主要是受金融危机影响销量大幅下滑，产能放空，以及采购成本过高。实现并购后，吉利将充分调动发挥瑞典现有管理团队的积极性、主动性和创造性，制定新的奖励考核机制。在巩固稳定现有欧美成熟市场的同时，积极开拓以中国为代表的新兴市场，降低成本、拓宽产品线。"

吉利收购沃尔沃汽车公司是吉利汽车典型的战略性并购，其目的之一是为了让吉利汽车得到更好的技术。被吉利控股收购后，沃尔沃的业绩也往上涨了一番，也扭转了在福特旗下连年亏损的局面。2016年度，沃尔沃全球销量达到53.4万辆，创历史新高；营业额约合1424.7亿元人民币，同比增长10%；利润更是大涨66%，达约87亿元人民币。

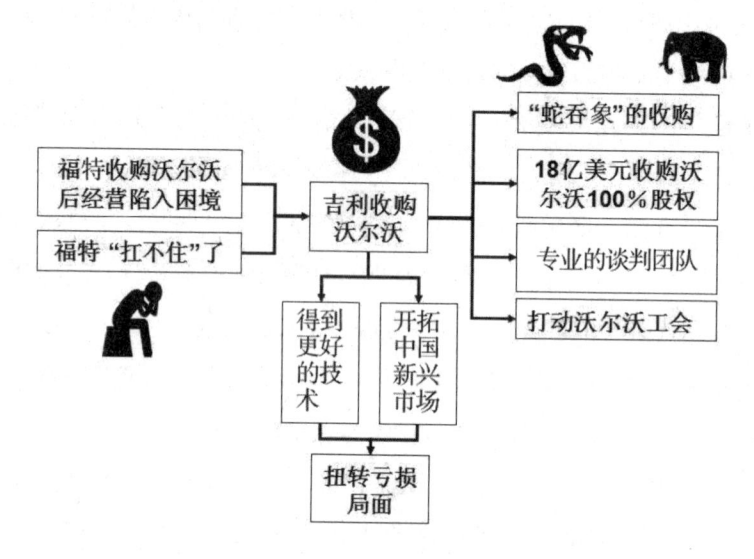

图46　吉利收购瑞典沃尔沃汽车

"蛇吞象"的收购，如果消化得好就是蛇变成像象一样强大，如果消化不了就是象拖死了蛇。李书福收购沃尔沃后，通过吸收沃尔沃的汽车制造技术，精耕细作中国市场，最终扭转沃尔沃连年亏损的局面。武田收购夏尔也是一场国际性的"蛇吞象"并购。2018年，日本武田药品工业公司以460亿英镑收购爱尔兰制药巨头夏尔（Shire），该笔交易是日本企业史上最大手笔的海外并购。

  1781年，武田长兵卫在日本"医药城"大阪白手起家，他从批发商处买入药用的根茎、草药和树皮，重新分包成小包装，再卖给医药商和医生。这项业务持续了90年，使武田最终发展成为一家现代化企业。而夏尔是一家总部位于爱尔兰都柏林的生物制药企业，以研发和生产罕见病药物而见长。武田这条蛇吞了夏尔这头象，外界最大的担忧在于，巨额的收购资金将会给武田制药带来财务危机。

  李书福收购沃尔沃的资金来源，主要是银行贷款与地方政府融资，如北京、上海、成都等地方政府都支持吉利收购沃尔沃，所以李书福收购后没有出现财务危机。如2009年，李书福与北京市政府谈判，北京市政府在亦庄给沃尔沃留出相应的土地，并提供30亿元，作为支持并购沃尔沃的资金。

2. 收购伦敦出租车公司：并购的本质是合作

2013年，英国脱欧闹得沸沸扬扬，与此同时，很多企业进入英国抄底优质资产，如香港的李嘉诚通过基建投资似乎"买下半个英国"。这时吉利集团也有所动作。李书福还对英国脱欧是否影响投资进行了表态，李书福说："我们尊重英国人民的选择，我不认为脱欧会对中英关系产生任何负面影响，就吉利的立场来说，我们没有改变未来投资的计划。"

保留出租车文化

2013年2月，吉利集团以1104万英镑并购了英国锰铜公司核心资产和业务，全资控股伦敦出租车公司，后更名为伦敦电动汽车公司。

伦敦出租车公司是英国第三大独立汽车制造商，拥有75年出租车生产历史。近几年来，英国政府对节能减排十分关注，伦敦市也率先制定了严格的出租车减排方案。结果，伦敦出租车公司在从传统燃油机转型为纯电动车的过程中进展缓慢，最终沦为亏损，被吉利集团所接盘。

伦敦出租车市场竞争非常激烈，奔驰、日产尼桑及其他不少国际知名汽车公司都觊觎这块市场蛋糕，最终吉利集团从中胜出。一方面，吉利汽车研发的新款车型充分满足了伦敦市政府的技术要求，另一方面，吉利收购沃尔沃所带来的强大的国际影响力，让很多英国人支持吉利收购伦敦出租车公司。

伦敦出租车以黑色著称，因为黑色是作为标准色生产的，如果购买者要选特殊颜色必须额外支付另外一笔费用。这对于通常要购买大量车辆的出租车队来说，根本没有必要花冤枉钱买其他颜色的出租车，因此伦敦街上绝大多数的出租车都是黑色的，所以在伦敦流行"打黑的"的出租车文化。在伦敦，黑色出租车与红色双层巴士、红色邮筒并称为"伦敦三大街头风景"。李书福接盘伦敦出租车公司,不仅让它扭亏增盈,还要让出租车文化得以保留。

4个月扭亏增盈

在完成收购后,李书福加速伦敦出租车公司转型,并推出了全新的TX电动出租车,大大节约成本,使扭亏增盈效果立竿见影。

TX电动出租车搭载智能城市技术,采用世界领先的增程式技术,纯电动工况下可行驶70英里(约113公里),油电混合工况下续航里程可达400英里(约644公里)以上,该技术将帮助出租车驾驶员节省每周100英镑的燃油成本。

伦敦出租车公司推出新车之后,不断收到来自沙特阿拉伯、阿联酋、澳大利亚、日本等海外市场的订单,在中国市场也拿到了南京、横店、深圳等城市的出租车订单。这是吉利的海外销售渠道起了作用。从2013年2月收购到6月份开始,伦敦出租车公司已经实现单月盈利,并有望实现全年度盈利。

2013年底,英国首相卡梅伦来华进行国事访问,并会见了吉利集团董事长李书福,他满怀感激地说:"伦敦出租车伴随我的成长,感谢你拯救了英国出租车品牌。"

李书福表示:"我们将借助吉利汽车海外市场的渠道开发全球出租车市场。我们将在英国投建另外一家新工厂,并着手开发下一代全新产品,全新产品将更加轻量化。未来还将推出油电混合动力出租车以及纯电动出租车,在保持原有功能的同时,达到超低排放甚至零排放。"

2015年3月,李书福投资3亿英镑在英国考文垂新建安斯蒂新工厂和吉利英国前沿研发中心。安斯蒂新工厂是英国首个全新整车生产基地,拥有3.6万辆出租车的年产能力;而吉利英国前沿研发中心则汇集全球各地的顶尖工程师,专注打造全新轻量化新能源商用车。

在新工厂扩建仪式上,英国首相卡梅伦、伦敦市长约翰逊·鲍里斯、商务与投资大臣利文斯顿勋爵三位英国重量级人物亲自到场支持,为中国自主汽车品牌挣足了面子。

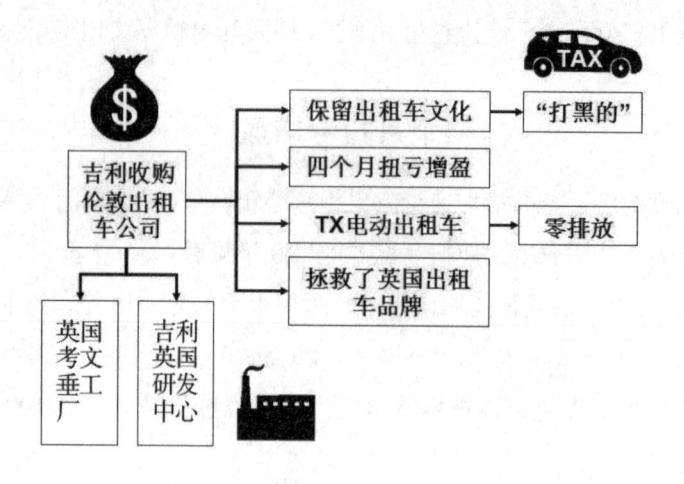

图47　吉利收购伦敦出租车公司

  在英国脱欧前后,李嘉诚通过不断"买买买",将英国水务、能源、铁路等民生基建公司收入囊中,并获得高额回报,当然也不排除未来出售的可能。李嘉诚说:"生意的核心就是低买高卖。"有年报显示,李嘉诚家族旗下的长江基建集团的盈利主要来自其英国投资业务,占总收入四成以上。李书福收购伦敦出租车公司,并用4个月时间使其扭亏增盈,既保留了伦敦出租车文化,同时又通过合作,让伦敦出租车公司借助吉利的海外渠道开发全球出租车市场。李书福说:"战略性并购的本质是战略性合作。"

3．收购马来西亚宝腾、英国路特斯：布局全球的重要通道

在收购瑞典沃尔沃和伦敦出租车公司之后，李书福又挥舞起收购之锤，成功收购马来西亚宝腾、英国路特斯。2017年6月23日，吉利控股集团与马来西亚DRB集团签署最终协议，收购DRB旗下宝腾汽车（PROTON）49.9%的股份以及豪华跑车品牌英国路特斯（LOTUS）51%的股份。为了完成此次收购，吉利总支出费用超过12亿元人民币。

完成全球化布局

宝腾是马来西亚国产汽车品牌，建立于1983年，主要经营汽车、汽车零件。路特斯（被译为"莲花汽车"）比宝腾历史更久，它由柯林·查普曼于1952年创立，总部设在英国诺福克郡，是世界著名的跑车与赛车生产商，旗下的跑车以纯粹的驾驶乐趣和轻量化的设计而著称。

1996年宝腾成功收购英国路特斯，使宝腾具有独立完成从轿车开发到生产的能力，从单一产品的国内汽车生产商转型为多产品的国际汽车生产商。这次吉利收购宝腾，而顺便把英国路特斯的相关资产揽入囊中。

吉利花12亿元买一个亏损的宝腾汽车到底值不值？答案是值得。目前，在东盟市场70%以上的市场被日系车占领，而吉利通过收购马来西亚宝腾、英国路特斯，成功以"金钱换时间""以收购换市场"，快速完成全球化布局，收购马来西亚宝腾可以闪击东盟市场，收购英国路特斯可以远攻欧洲市场，给日系车造成不小的冲击。

共享技术与市场

近年来，宝腾的销售每况愈下，最终被吉利接盘。吉利接盘之后，如何扭亏增盈？还是吉利原来的打法，与被收购方共享技术与市场，通过不断研发向市场投放适销对路的新产品。

在宝腾方面，吉利通过与宝腾合作，通过共享技术与市场，不断提高市场竞争力。在收购后，吉利推出的首款SUV——宝腾X70，在马来西亚卖20万辆，获得不错的销量。按照计划，吉利陆续向宝腾导入多款车型，包括A级轿车、MPV等。在吉利"东家"的积极帮扶下，宝腾扭亏增盈也是指日可待。

在路特斯方面，吉利已成功吸收其轻量化车身技术，并应用在吉利集团其他产品和品牌上。如目前吉利伦敦出租车的轻量化车身技术，用的就是路特斯的技术。在收购后，吉利不断投入技术和资金，并将路特斯跑车拓展到英国以外的全球市场。

国际化收购如果操作得好，可以迅速扭亏增盈，如果整合不好会继续亏损，甚至拖累母公司。李书福收购马来西亚宝腾、英国路特斯，虽然还得忍受一段时间的亏损，但是李书福有成功收购和后续运营的经验，他曾经成功收购瑞典沃尔沃汽车，并利用中国市场扭亏增盈。所以，他也有信心盘活宝腾、英国路特斯这两个品牌。而TCL收购阿尔卡特，则是花大价钱买了一个教训。

TCL集团股份有限公司创立于1981年，是全球化的智能产品制造及互联网应用服务企业集团。2004年4月，TCL以10亿元收购法国阿尔卡特手机业务，双方共同组建合资企业从事手机及相关产品的研发、生产及销售。这是中国在全球范围内首次整合国际大公司的手机业务。2004年8月，合资公司T&A正式投入运营，中法双方在业务整合和文化整合方面都出现了问题，导致公司出现巨额亏损。2005年，TCL公布合资企业解体，TCL并购阿尔卡特手机业务后整合失败，致使TCL争霸国际手机市场的目标落空。

4. 收购美国飞行汽车公司：规划发展飞行汽车

在未来的某一天，城市街道塞满了各种型号的车型，因为前面出现交通事故，路上堵得水泄不通，交警也无能为力。这时，一辆停在马路中间的车，突然"呼"的一声展出双翼，然后"嗡嗡"垂直升空，悠然飞走。

这种"神操作"，让地下面的车主们羡慕嫉妒恨，他们只能摊开双手、对着天空指指点点。这就是未来的飞行汽车，李书福正在规划发展中……

收购美国飞行汽车公司

2017年11月，吉利集团与美国飞行汽车公司达成最终协议，花巨资收购Terrafugia的全部资产。

2006年，麻省理工学院的5位优秀毕业生创办了美国飞行汽车公司。该公司致力研发全新出行方式，专注于飞行汽车的设计与制造，在未来创新技术、工程与生产领域具有前沿优势。

目前，该公司已经成功开发出了多辆飞行汽车原型车，包括Transition和TF～X两代原型车，并且实现了垂直起降功能。其中，第二代TF～X概念车无需跑道，只需乘客在地图中输入目的地，汽车就可以在智能系统控制下垂直升空，飞到目的地后垂直降落。TF～X采用混合动力，其功率达300马力的引擎还可以自动充电。TF～X在空中巡航时时速可达200英里（约合322公里），总飞行距离达500英里，即大约805公里，超越部分新能源纯电动车的持航能力。

在收购完成后，美国飞行汽车的注册地及总部将继续留在美国，并专注于现有的飞行汽车的研发和生产工作。吉利集团将利用在汽车行业中积累的深厚技术和创新经验帮助和支持美国飞行汽车快速发展。该公司计划于2019

年推出首款飞行汽车，2023年推出全球首台垂直起降的飞行汽车。

我国开放低空管制

2014年，全国低空空域管理改革工作会议召开，提出在我国10个地方进行1000米以下空域管理改革试点，这些地方包括海南岛、长春、广州、唐山、西安、青岛、杭州、宁波、昆明和重庆。2015年，我国开放这10个地方的低空管制，允许私人飞机使用1000米以下空域，不必得到军方的批准。这对于发展私人飞机与飞行汽车十分有利。其中，杭州、宁波是吉利汽车的"新车研发大本营"，应该会率先发展飞行汽车。

李书福说："飞行汽车是一个非常激动人心的领域。美国飞行汽车团队拥抱飞行汽车的梦想，并不断推进这一梦想变为现实。我相信美国飞行汽车能改变未来的出行方式，并且引领一个新行业的发展。此次投资体现了我们对美国飞行汽车公司愿景的高度认同。同时，我们将整合吉利控股集团的全球资源和创新能力，全力支持美国飞行汽车实现战略目标。"

技术＋市场，是吉利汽车在竞争中立于不败之地的法宝。李书福通过收购美国飞行汽车公司，快速获得了飞行汽车的相关技术，一旦等到我国全面开放低空管制，内地飞行汽车市场将会彻底引爆。由于种种原因制约，飞行汽车技术因为要兼容飞机与汽车两种技术，所以发展相当缓慢。1917年，飞行汽车之父格·寇蒂斯第一次向人们展示了飞行汽车这种新型交通工具。他的铝制Autoplane装有三只翼展达12.2米的机翼，用的是汽车发动机驱动车尾的四叶片螺旋推进器，但Autoplane从未真正飞上天空，只实现了一些短距离的飞行式跳跃。100多年过去了，2018年3月，荷兰公司PAL-V才推出了最终量产版飞行汽车，售价约60万美元。这次吉利研发飞行汽车，希望他们能造出让老百姓买得起的飞行汽车，让人们早日实现飞行出行的梦想。

5．参股德国戴姆勒：看好智能化、无人驾驶等优势

2018年2月，让奔驰感到忐忑不安的事情还是发生了，吉利集团以约90亿美元价格收购了戴姆勒9.69%的股份，成为奔驰母公司戴姆勒的最大股东。在收购之前，奔驰高端车与吉利的部分高端车还在中国市场"厮杀"，现在吉利集团居然摇身一变变成了自己的大股东，"这世界变化太快，让人完全接受不了"。

2月23日，戴姆勒披露的文件显示，浙江吉利控股集团董事长李书福通过一家名为Tenaclou3 Prospect Investment Ltd.的公司，持有德国汽车制造巨头戴姆勒约9.69%的股份。

9.69%的股份

不多也不少，李书福仅持有戴姆勒9.69%的股权，这个持股比例十分巧妙。根据德国的上市条例，一旦持有德国上市公司股份超过3%，就需要向当地监管机构进行权益披露。但只有持股超过10%，才需要披露资金来源。

9.69%既能够让吉利成为最大股东，拥有足够话语权去谈下一步的合作，而且资金投入还在吉利能够承受的范围内。同时，该比例也在戴姆勒董事会所能接受的范围内，并不影响到管理层对公司的控制权。

李书福收购达到9.69%的股份后，明确表示不会再继续收购，戴姆勒也依法进行了信息披露，双方都获得"圆满"。

一开始李书福想直接要约收购戴姆勒，但是戴姆勒董事会生怕失去控制权没有同意，后来李书福又从二级市场收购，很明显戴姆勒对吉利有所防范，但还是没有拦住李书福收购的步伐。谁让李书福志在必得，而手中又持有重金呢。

约90亿美元这笔重金，从哪儿来？吉利方面表示，此次收购是通过吉利海外子公司在境外通过债权、股权、金融产品和境外资金的安排等一系列的

方式来进行资金安排，资金的来源是境外，不需要动用中国境内的资金。

此次收购的目的，李书福表示："这次收购，主要看好戴姆勒公司在电动化、智能化、无人驾驶与共享出行各领域的优势。我们会共同讨论数字技术、线上服务、新能源科技以及共享出行等方面的合作。"

在收购中发展

戴姆勒由戈特利布·戴姆勒和卡尔·本茨在1886年创建，总部位于德国斯图加特，是全球最大的商用车制造商，全球第二大豪华车生产商、第二大卡车生产商。

戴姆勒集团旗下业务部门包括梅赛德斯～奔驰汽车、梅赛德斯～奔驰轻型商用车、戴姆勒载重车和戴姆勒金融服务等四大业务单元。公司在法兰克福、纽约和斯图加特证券交易所上市交易。

汽车行业充满了收购与被收购，不在收购中发展，就在收购中萎缩。吉利是发展迅猛的中国自主汽车品牌，通过经历多轮收购和并购，一方面增强了吉利集团的国际影响力，另一方面形成稳固的品牌矩阵，包括吉利汽车、领克、沃尔沃、伦敦出租车、宝腾和路特斯（莲花）六大汽车品牌，覆盖中低端品牌、豪华品牌、超豪华品牌的完整产品谱系。

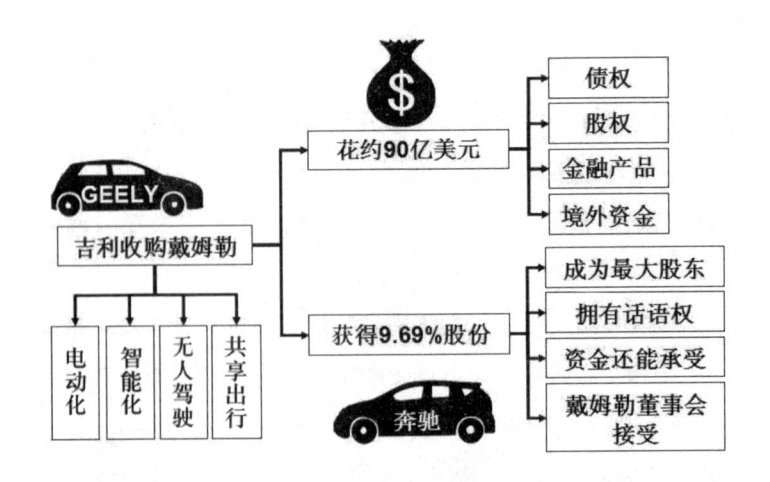

图48　吉利参股德国戴姆勒

近几年来，汽车无人驾驶技术方兴未艾，2015年在美国拉斯维加斯消费电子展上，奔驰首次发布了F015无人驾驶概念车，奔驰方面表示未来人类不需要开车，汽车成了人们的移动客厅或办公室。F015可实现无人驾驶，车内设置四个旋转座椅，面对内心，拥有六个显示屏、触摸的混合物，可实现手势控制与眼球追踪控制。它可以在纯电力和氢燃料电池的混合物中运行近900公里。2018年7月，德国戴姆勒与百度宣布在自动驾驶和车联网等领域深化战略合作。所以说，奔驰在无人驶驾技术方面还是比较先进的。此次收购完成后，李书福可以通过协同发展，共享奔驰的智能化、无人驾驶技术。

成长图谱 9　怎样才能做好资本运作

1. **资本分析**。每个人或者企业都有钱、资产、技术、资源等东西，这些都是资本，有资本就可以进行资本运作。如李书福有钱又有技术，它收购伦敦出租车公司后，仅花几个月就可以让它扭亏增盈。

2. **内部融资**。一般个人或企业的发展资金主要靠自身积累。像李书福那样"买买买"，完成多次国际化收购，离不开吉利集团稳健的营收支持。

3. **外部融资**。银行贷款是外部融资的重要渠道。如李书福收购戴姆勒9.69%的股份，资金来源就是外部融资，通过吉利海外子公司在境外通过债权、股权和金融产品的安排等一系列的方式来进行资金安排。

4. **民间融资**。民间借贷市场十分活跃，在相当程度上取代了银行的功能，但是民间融资缺少法律和制度规范。所以，不到万不得已不得使用民间融资。

5. **资本交易**。企业通过收购可以获得更多发展资本，而出售资本却可以获得巨额回报。如美国福特公司将手里头持有的瑞典沃尔沃轿车公司100%的股份及相关资产，转卖给吉利，最终收获了18亿美元。

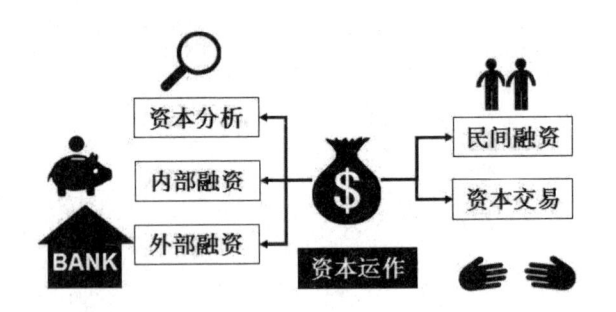

图49　做好资本运作的方法

第10章

竞合哲学：通过协同与分享来占领技术制高点

> 21世纪的全球汽车行业面临巨大创新机遇，也面临来自非汽车行业公司的挑战，各个汽车企业单打独斗很难赢得这场战争。为了主动抓住机遇，我们必须刷新思维方式，与伙伴联合，通过协同与分享来占领技术制高点。
>
> ——李书福

1. 市场竞争，让强者生存、弱者淘汰

2017年，一汽夏利年报显示亏损严重，从而引发了汽车界的广泛关注。30年前，夏利汽车风靡全国，吉利也是靠模仿夏利汽车起家的；三十年后，夏利陷入巨亏，而吉利年利润却超100亿元，这不禁让人感慨万千、世事难料。

有的亏有的赚

先看夏利与吉利各自的年报。2017年一汽夏利年报显示，公司实现营业收入14.51亿元，同比下降28.34%，归属上市公司股东的净利润为–16.41亿元，同比降幅达1110.64%，亏损严重。2017年吉利汽车的财报显示，全年总收益增加73%，达927.61亿人民币，利润达到106.34亿元人民币，增长超过108%。可见，夏利亏损，吉利盈利，而且差距有点大。

很多人喜欢把吉利与夏利来进行比较，因为它们是模仿与被模仿者的关系，最后模仿者超越了被模仿者。下面我们再分析吉利与夏利的发展简史。

1986年9月，以全散装件方式引进生产的第一辆夏利下线。1990年，第一辆夏利三厢车下线，售价10万元。在那个特殊年代，10万元的夏利车是个奢侈品，普通老百姓根本开不起。

2003年，李书福研发的优利欧汽车，就是在模仿夏利的基本平台和基本的技术之上进行的创新设计，其功能优于夏利与赛欧，当时售价7万元，在价格上更有优势。

随后，夏利汽车的发展依然十分迅猛，曾经连续18年成为国内汽车销量冠军，被誉为"国民轿车"。不过，在技术研发与产品更新换代方面，夏利渐渐变得落后。2017年，在陷入巨亏之后，夏利才停止了老车型的生产，全力进行新产品的生产准备和市场推广工作。

2006年，吉利汽车自主研发我国首款CVVT发动机，从此拥有了迅速腾飞的最强"心脏"。在研发方面，吉利每年将一部分销售收入投入持续研发，不断推出新品、完善产品线，从两厢车到三厢车，再到SUV、MPV，从传统燃油机再到新能源车，创新不止、研发不断。在价格策略方面，吉利汽车不断丰富汽车配置而千方百计压低售价，造出老百姓买得起的好车，最终获得700多万"粉丝"、获得稳健的营业收入，正所谓"得粉丝者得天下"。

市场竞争让用户受益

市场竞争是残酷的，它可以让强者生存、弱者淘汰，而受益者就是普通消费者。车市竞争就如同电子产品一样，通过厂商之间的竞争，价格越来越优惠，使更多人消费得起、买得起车。

关于车市竞争，李书福说："自主品牌车企这些年发展迅猛，这与国家的政策支持分不开,但目前国内仍有55%的汽车品牌是国外品牌,属中高端产品，而自主品牌只有45%，且基本处于中低端水平。当前我国提出经济建设要突出高质量发展，这对汽车行业中的自主品牌而言，就是要让产品逐步从中低端迈向中高端，其衡量标准有两个：一是市场占有比例，二是在全行业中所处的位置。我比较鼓励展开充分市场竞争，也希望更多资本投入到汽车领域，通过市场竞争，让强者生存、弱者淘汰，让市场用户得到最好的产品和实惠。"

在汽车行业发展自主品牌，李书福希望通过市场这只"无形的手"进行资源配置，让车市重新洗牌，让车价更加亲民，让普通老百姓从中受益。

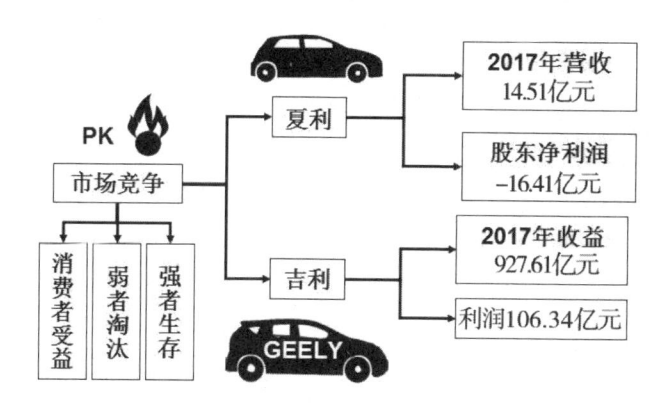

图50　市场竞争让用户受益

在同样的市场环境中，夏利巨亏，而吉利稳赚，说明产品迭代的速度似乎可以决定企业的命运。在汽车行业如此，在手机行业也是一样。诺基亚渐衰，而苹果兴起，也是产品迭代快慢的问题。研发智能手机的苹果高歌猛进，而固守传统手机的诺基亚却渐行渐衰。

2000年，诺基亚就设计出了一款只有一个按键的触屏智能手机，具备收发电子邮件和玩游戏的功能。而苹果，在7年后才推出第一款iPhone。然而，诺基亚没有在智能手机上面"发扬光大"。反倒是苹果每年会推出一款新型智能手机，并在全球范围内进行"饥饿营销"。十几年过去了，双方的差距已经很明显了。2012年，苹果公司创下6235亿美元的市值记录，截至2014年6月，苹果公司已经连续三年成为全球市值最大公司。而诺基亚因无法适应智能手机时代而不断衰退，最终放弃了手机业务，于2013年9月将手机业务和相关专利打包卖给了微软，打包价仅为54.4亿欧元。

2. 国际并购与合作，都是为了提高综合竞争能力

2018年3月，荷兰阿姆斯特丹春回大地，田野里矗立着无数风车，迎风旋转。街道上的人们穿着木鞋发出"嗒嗒"的声响，美丽建筑的周边长满了诱人的郁金香。吉利旗下高端品牌领克汽车决定在这个童话般的国度发布其欧洲战略。

中西不同打法

先说吉利在中国的打法。吉利汽车在中国市场的打法，就是不仅卖车，还要打造出中国汽车文化。历来中国人比较推崇"上善若水"，语出道家经典著作《老子》："上善若水，水善利万物而不争，处众人之所恶，故几于道。"意思是：最善的人好像水一样，水善于滋润万物而不与万物相争，停留在众人都不喜欢的地方，所以最接近于"道"。说明水具有谢绝争霸、兼容天下的胸襟和气度。

2016年，吉利汽车进入3.0产品后，管理、研发、技术全面升级，所有车型都采用了水滴涟漪家族式进气格栅设计。这个设计融入了中国文化元素的设计风格，它的含义是水滴下落到水中形成的独特自然现象，将中国人对水的推崇发挥到极致，一点水既可以泽被万物，也可以造出一部车。这样的设计，既增加车辆造型民族认同感，又拉近国人之间的心灵感应距离。

再说领克汽车在欧洲市场的打法。简而言之，就是"店＋车＋厂"综合突破，吉利一手铺线下经销店，一手研发新车型，还利用沃尔沃根特工厂进行共线生产。

3月26日，领克汽车在荷兰阿姆斯特丹发布了其欧洲战略：第一家欧洲线下门店于2019年在阿姆斯特丹开业，并逐步向欧洲其他主要城市，如巴塞

罗那、柏林、布鲁塞尔、伦敦进行扩展；第一款进军欧洲市场的车型为领克01 PHEV（插电式混合动力车型）；2019年，该车型在比利时沃尔沃根特工厂投产，领克01 PHEV将和沃尔沃2018款XC40进行共线生产，于2020年正式在欧洲市场上市销售。

沃尔沃根特工厂始建于1965年，是沃尔沃汽车在瑞典以外规模最大的汽车总装厂，是欧洲效率最高的汽车制造工厂之一，每一分钟可以下线一辆汽车，产量占沃尔沃汽车全球产量的一半以上。

2010年，吉利控股集团收购沃尔沃汽车后，根特工厂也理所当然地成了吉利与沃尔沃合资品牌领克的生产基地。

第一款进军欧洲市场的领克01 PHEV设计为插电式混合动力车型。既能烧油又能用电的插电式混合动力车型更适合欧洲。因为欧洲国家众多，各个国家民众的喜好具有多样化的特点，所以领克01 PHEV设计了多种驱动方式，供消费者自由选择。

在动力方面，领克01 PHEV采用了全新的动力总成组合，装有一台180马力的1.5T涡轮增压发动机和一台最大功率为60kW的电动机。领克01 PHEV的售价为20万元左右，在国内显得贵一些，但是有相关补贴，而在欧洲经济发达地区，人们可以接受这样的价格。

中西国际合作

李书福进军欧洲市场，主打产品是与沃尔沃的合资品牌领克汽车，而不是直接销售国内的成熟产品吉利博瑞或吉利新帝豪。这样可以强强联合、资源共享、提高竞争力。吉利欧洲战略就是中西国际合作的典型样本，李书福通过整合中欧技术，实现中西合璧，让吉利加速走向全球化。

多年来，吉利集团进行一系列国际并购与合作，目的只有一个：提高综合竞争力。李书福说："这一系列的行动，只有一个目的：提高吉利汽车的研发能力、创新能力、技术实力、质量管控的能力，以及企业的综合竞争能力。"

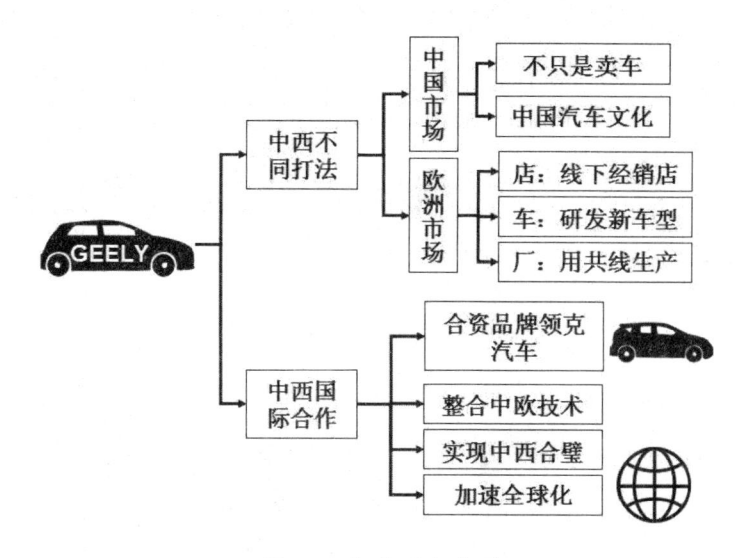

图51 中西国际合作

对于欧洲这个成熟市场与未来不可预知的风险，李书福选择了更加靠谱的国际合作，通过强强联合、抱团取暖，稳步推进欧洲战略。事实证明，通过国际合作的企业可以化解大量的潜在竞争，不断增强市场的存活能力。如滴滴联姻优步就是如此。

优步创立于2009年，经过多年的发展，目前其服务已覆盖全球60多个国家和地区、300多个城市，成为全球估值最高的互联网打车公司。2012年7月，程维创办了滴滴出行，培养用户使用手机叫车这种现代化出行方式。为了争夺中国市场，双方曾经展开旷日持久的烧钱大战，竞争使得双方伤筋断骨。经过痛苦的竞争之后，双方握手言和，走向联姻。2016年，滴滴收购了优步（中国）的品牌、业务、数据等全部资产，滴滴和优步将相互持股，成为对方的少数股权股东，二者联合并没有形成行业垄断，反而促进了互联网出行服务产业的飞速发展。

3．开放合作、包容发展是汽车工业可持续发展的基础

日出东海、水天绯红，宁波杭州湾水波荡漾，钱塘江滚滚入海，滚装船悠然入港，还有杭州湾跨海大桥飞跨南北、见证繁荣。这里是"一带一路"、长江经济带、长江三角洲区域一体化三大国家战略叠加的交汇点，也是吉利汽车的研发总部。吉利主办的首届龙湾论坛，在杭州湾汇聚了中国汽车工业的主要力量。

共享模块化架构

2018年5月，第一届中国汽车龙湾论坛在宁波杭州湾产业集聚区举办，主题为"新能源纯电动车产业变革"。论坛以中国新能源对话世界汽车，围绕新能源发展现状和趋势、如何在变革中重塑核心竞争力、政策走向和企业战略等议题，邀请各方专家学者，共同探讨全球新能源纯电动车产业变革下的中国方案和中国力量。

在这个论坛上，李书福提出吉利愿意与合作伙伴共享全新一代纯电动模块化架构。李书福表示："这样有利于规模、效益的产生。只要大家协同起来，将会推动整个世界汽车工业朝着智能化、电动化、轻量化以及共享出行这些方向发展，为全人类交通出行能够带来更好的变革。"

李书福所说的模块化架构，就是吉利模块化架构BMA（B ~ segment Modular Architecture），该技术可以使造车就像搭积木这样方便快捷。一辆汽车的动力模块、电器模块、底盘模块、车身模块等都可以"任性组合"，各模块接口实现了标准化和共享化，让造车像穿衣打扮那样自由搭配。

纵观历史，汽车主要经历了手工作坊式生产、流水线生产、汽车平台式

研发制造和模块化平台研发制造四个阶段。目前，掌握模块化生产技术的都是国际化汽车大品牌，像丰田（TNGA）、大众（MQB）、宝马（UKL）。模块化生产的主要难题就是，要解决不同模块之间的兼容性，如同组装电脑一样，不兼容硬件凑在一起也装不成一台电脑。

从2015年到2018年吉利汇聚全球各大专家学者，历时4年成功克服了种种技术难题，才研发出首个模块化架构：BMA架构。

模块化架构三大优点

BMA架构是符合国际化技术标准的紧凑型基础模块化架构，具有三大优点。

第一，它可以生产多种车型与多种车身尺寸。它能够生产A0至A＋级轿车、SUV、MPV以及跨界车型，车型的轴距和轮距还可分别在2550～2700毫米，1500～1600毫米之间调整。

第二，丰富的动力模块可供选择。在该架构下生产出的车型既可以搭载1.0 TD、1.4 T、1.5 TD等多款汽油发动机，也可以搭载PHEV、HEV、MHEV等新能源动力系统。

第三，模块化生产使研发成本更低。该架构采用高度集成化的生产模式能够令研发成本相比传统平台降低20%～30%；高达70%的零部件通用率能够减少研发过程中对新车型部件验证的工作量，既提高生产效率，又降低车型的故障率。

虽然吉利花巨资研发出模块化架构BMA，但并没有进行自我封闭，而是强调开放合作、包容发展，将相关技术共享给同行、上下游产业链伙伴。李书福说："五年以后，中国汽车产业将完全放开，这短短五年时间，是中国汽车的机遇，也是无情的挑战；开放合作、包容发展才是汽车工业走向可持续发展的基础，单打独斗不会有未来，吉利愿意与全球同行、上下游产业链伙伴讨论各种合作可能性，也愿意共享吉利的全新一代纯电动车架构、模块，共同推动汽车工业更好更快地向前变革。"

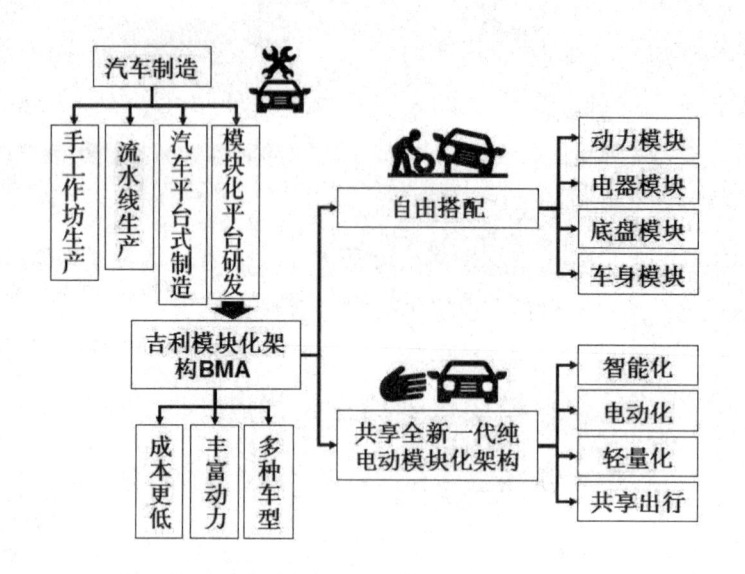

图52 BMA架构

　　李书福之所以被称为"中国的福特"，是因为福特研发了世界上第一条流水线，而李书福研发中国全新一代模块化架构BMA，两者都推动了汽车生产方式的变革。1903年，亨利·福特创立了福特汽车公司，生产大量T型车。1913年，福特研发出了世界上第一条流水线，在汽车组装中，汽车底盘在传送带上以一定速度从一端向另一端前行。在前行中，由不同岗位的员工逐步装上发动机、操控系统、车厢、方向盘、仪表、车灯、车窗玻璃、车轮，这样一辆完整的车就组装成了。第一条流水线使每辆T型汽车的组装时间由原来的12小时28分钟缩短至90分钟，生产效率提高了约8倍！同样，李书福研发的模块化架构BMA，既降低了研发成本，也提高了生产效率。

4．民营汽车企业已经登上了世界舞台的中央

2019年4月,新加坡天空明净、微风拂面,井然有序的建筑、干净整洁的街道,处处显示出"花园城市"的特色。在这样美丽的环保型城市里,新能源车大受推崇,所以吉利汽车选择在这里发布旗下全新纯电动汽车品牌——几何A。

环保城市配环保车

4月11日,吉利汽车发布纯电动车几何A,环保城市配环保汽车,刚刚好。几何A是吉利旗下纯电动汽车品牌,计划到2025年将推出10多款全新纯电车,品牌命名为:几何+英文字母。品牌命名与原来的吉利博越、吉利帝豪的命名方式有所不同。

几何A售价15万元起,在新能源纯电动车领域很有价格优势。几何A在新加坡发布后,迅速在中国、法国、挪威、阿根廷等国家销售,订单超过18000台,其中海外市场的订单量超过中国本土的订单。

下面我们简单介绍一下几何A。

在续航能力方面,几何A提供标准续航版和超长续航版两种版本,均配备宁德时代(主营锂离子电池的上市公司)的三元锂电池,标准续航版的航能力为410公里,超长续航版的航能力为500公里。

在充电方面,几何A仅需充电半个小时,电量可恢复到80%以上。

在外观方面,几何A的车身尺寸为4736×1804×1503毫米,轴距2700毫米,属于紧凑型轿车范畴。几何A以"多维流动生命体"的设计理念,经过空气动力学精心打造,实现超低风阻系数。

在内饰方面,设计有天幕玻璃、4.2英寸仪表、8英寸W~HUD抬头显示、

12.3英寸中控大屏、环保织物座椅。

在配置方面，几何A配备了APA一键智能自动泊车系统、360°高清全景影像系统、SLIF速度限制提醒功能，以及AQS自动空气净化系统和ION空气净化系统等。15万元的车能有这么多高档配置，让车主有种"占便宜的感觉"。

东半球最好的

吉利几何A纯电动车号称是"东半球最好的纯电动车"，有车主试驾之后，有如下感受：

第一，在高速行驶时更加省电。几何A溜背式造型、封闭的前格栅、隐藏式门把手都有助于降低风阻系数。它的风阻系数只有0.2375，与特斯拉Model 3的风阻系数0.23，不相上下。

第二，车内空气质量更好。几何A配备了AQS自动空气净化系统，不仅可以净化车内空气，还能根据车内外空气质量，自动调节空调内外循环模式。

第三，开空调跑高速无压力。车主在高速公路上行驶了50公里之后，表显剩余电量为72.8%，剩余续航里程299公里。换算一下，满电状态下仍然是410公里。实际行驶距离为50公里，续航减少了57公里，考虑到高速路况以及全程开启空调的因素，所以有7公里的误差。

第四，具备高级驾驶辅助功能。几何A开启ICC智能领航功能后，最多有8秒时间车主双手可以离开方向盘。超过8秒后，系统就会警示。几何A目前只具备高级驾驶辅助功能，并非一辆具备自动驾驶能力的车。所以在驾驶时，一定要随时掌控车辆。

从研发传统燃油车到研发纯电动力，吉利造车已有20多年了，作为中国民营汽车企业的代表，渐渐形成强大的国际影响力。李书福说："吉利造车20多年了。这20多年，吉利确实见证了汽车行业的风云变幻，也见证了中国汽车产业政策的变迁。20多年前，中国的汽车工业基本是国有企业和合资企业的天下；20多年后，民营汽车企业已经登上了世界舞台的中央。"

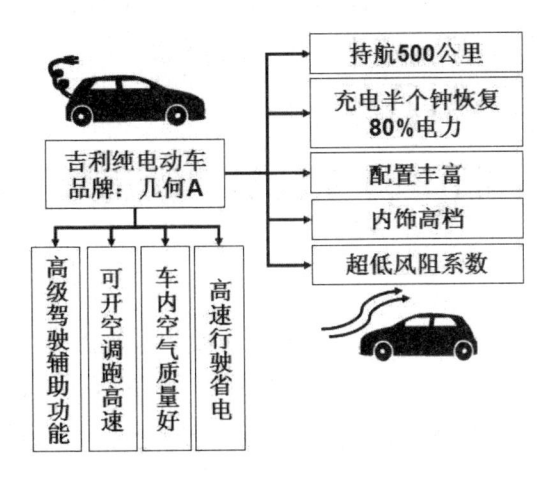

图53　吉利几何A

　　李书福征服汽车世界的方式，就是不断地进行收购与发布新品，他选择在环保城市新加坡首次发布纯电动车几何A，而且海外订单量超过中国本土订单，就表明了吉利新能源技术不仅超越国内技术水平，还敢与世界巨头特斯拉比拼。相比之下，当年丰田"征服中国汽车世界"的方式，就是搞合资、搞南北战略。2000年，丰田在北方合资组建了一汽丰田；2004年，在南方合资组建了广汽丰田，目的就是要最大限度地占领国内市场，以达到其商业战略目的。

5. 未来只有四五家车企能够在激烈竞争中存活下来

在世界汽车竞赛中，风云变幻、大浪淘沙，汽车品牌的存活率越来越低。在竞争中，像英国罗浮汽车、瑞典萨博汽车、美国福特汽车公司旗下的自创品牌水星汽车、美国通用汽车公司的子品牌庞蒂亚克等品牌都渐渐淡出公众视线。

竞争无刻不在

吉利汽车旗下号称"中国第一跑车"的吉利美人豹也已经停产。可见，竞争无刻不在，无处不在，在研发、技术、管理和营销等多个方面，只要有一个落后都可能导致汽车品牌的消失。

李书福曾经这样预测："未来只有两三家车企能够在激烈竞争中存活下来，现在的车企应该团结起来投资未来，从而成为四五家未来存活下来的企业之一。"

不知未来存活的是哪四五家，是哪几个汽车品牌？难道是奔驰、宝马、吉利？

多年来，李书福通过一系列的海外收购，以资本换技术、以资本换市场、以资本换人才，不断提高吉利的综合竞争力，同时通过与同行与上下游产业的联盟合作、协同发展，目的就是为了让吉利活得更好、活得更久。

李书福说："21世纪全球的汽车行业面临着巨大创新机遇，也面临着来自非汽车行业公司的挑战，各个汽车行业公司单打独斗很难赢得这场战争。"

最害怕的事情

经过20多年发展，吉利控股集团下设吉利汽车集团、沃尔沃汽车集团、吉利商用车集团、铭泰集团和吉利集团（新业务）。吉利汽车集团拥有吉利、领克、宝腾和路特斯等多个汽车品牌。沃尔沃汽车集团拥有沃尔沃汽车和跑诗达汽车品牌。吉利商用车集团拥有伦敦电动汽车、运程商用车机构。铭泰集团拥有铭泰教育、铭泰体育、铭泰文旅业务版块。吉利集团（新业务）拥有曹操专车、大力飞行汽车、钱江摩托和其他业务。

吉利发展越来越大，管控起来更加需要智慧与策略，才能有效防范大企业病。

大企业病是一个世界难题，所有做大了的公司都担心自己是不是患上了大企业病，效率是不是比以前降低，做事的流程规范有没有改进。所谓大企业病，一般都具有机构臃肿、多重领导、人才流失等特点。企业发展越来越大，危险也越来越多。华为任正非最害怕的是内部腐败和惰怠，而百度李彦宏最害怕的是担心百度患大企业病。李彦宏说："随着百度发展，我渐渐发现，百度多个部门普遍蔓延这样的思维模式，总能为做不好事情找到理由。"

李书福最害怕的事情就是汽车的安全技术问题，存在安全隐患的汽车要坚决召回，在感知自身安全技术不足的情况下，李书福通过收购沃尔沃全面提升吉利汽车的安全系数。在互联网汽车时代，沃尔沃汽车的战略重心依然是安全、健康、环保和自动驾驶。

成长图谱 10 如何提高个人竞争力

1. **形成知识体系**。知识就是力量，不论进入哪个行业都要快速主动进行学习，利用几年的时间成为行业专家。如李书福通过研发与共享模块化架构，让自变成"汽车模块化生产"的专家。

2. **形成做事的风格**。以结果为导向，谢绝拖泥带水。如李书福在环保城市新加坡发布环保车——几何A，结果斩获无数海外订单。

3. **通过竞争改造自己**。没有竞争就没有进步，如李书福造车时曾经模仿夏利汽车，造出优利欧汽车，性能优于夏利与赛欧，最后在竞争中获胜。

4. **通过合作超越自己**。通过合作，可以共享他人的技术或资源，从而超越自己、拯救自己。如李书福通过收购沃尔沃，合作开发领克汽车，全面提升吉利汽车的安全系数。

5. **投资自己，培养特长**。专业技能不是一天练成的，像李书福研究造车、搞国际化收购、管理大企业，这些能力都不是与生俱来的，而是需要长期的投资学习、参加培训，并在实践中摸索领悟。

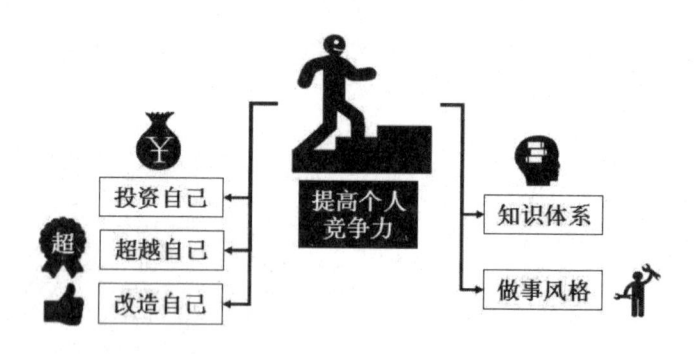

图54 提高个人竞争力

第11章

颠覆哲学：现在的汽车工业格局将被完全颠覆

> 现在的汽车工业格局将被完全颠覆，未来全球汽车企业将只有四五家大企业。希望其中有一家中国企业。
>
> ——李书福

1．从传统能源到新能源：90%以上都是新能源汽车

2019年初，中美贸易战此起彼伏，汽车零配件贸易受阻；部分城市提前实施国六排放标准，让传统燃油车岌岌可危。

当传统燃油车试图开发农村市场时，万万没有想到的是，新能源纯电动车再次以摧枯拉朽之势冲击传统汽车，进一步压缩传统汽车的生存空间。因为吉利计划在3年内将推出超过30款新能源车，显示出颠覆全球新能源行业的雄心。

险象环生的新能源纯电动车市场

早在2018年全国两会期间，李书福就显示了吉利快速发展新能源车的魄力，他说："吉利正加大对新能源纯电动车的研发投入，到2020年，90%以上的吉利汽车都是新能源纯电动车。"

根据最新数据统计，2018年，国内新能源乘用车的销量已经突破了百万，并保持了相当高的增速现象。因为国家对新能源纯电动车有补贴政策，所以国内400多家电动汽车制造商都在争夺这块"补贴蛋糕"。一时间大大小小的企业都在研发新能源车，有一些房地产大佬也开始了跨界造车，如恒大、宝能、万达、华夏幸福等。

恒大许家印投资跃亭旗下的FF失利后，又以20亿美元注册成立了恒大新能源纯电动车公司，抓紧进行能源技术研究与新能源纯电动车开发。宝能集团以66.3亿元收购了观致汽车51%的股份，踏入了汽车领域；万达集团和董明珠个人入股的银隆汽车，正在发展新能源公交车；华夏幸福以3.3亿元收购了合众新能源近53.4%的股份，也开始造新车。

传统车企加速转型升级，中小企业也在不断杀入新能源车领域，还有很

多大企业也来玩跨界造车，一时间新能源车市场变得"险象环生"，"各路诸侯揭竿而起、玩争霸赛"，不知哪一家能笑到最后？

在这种"动荡不安"的市场环境下，李书福坚持以市场为导向，不是为了补贴而造车，而是为了造"老百姓能买得起的新能源车"。

吉利新能源："五新战略"

2019年，李书福对吉利内部进行了组织架构调整，把吉利新能源升级为独立品牌，决定"专人做专事才能更专业"。结经过调整之后，吉利集团旗下品牌分别为吉利汽车、吉利新能源、领克汽车、宝腾汽车和路特斯汽车。

新独立出来的品牌"吉利新能源"通过实施"五新战略"（新品牌、新渠道、新营销、新体验、新服务），试图颠覆全球新能源行业。

李书福颠覆全球新能源行业的利器还得靠过硬的产品，这次吉利新能源推出的不再是单款爆品，而是同时推出30款产品，四处开花，覆盖各个细分领域，有种万箭齐放、气吞山河的气势。

这30款新能源汽车包括吉利帝豪EV、吉利帝豪GS、吉利博瑞GE、吉利GE11、吉利新帝豪PHEV、吉利嘉际PHEV等。

李书福试图通过多产品颠覆全球新能源行业是有底气的，因为他早就建好了新能源纯电动车的研发中心，等到产品下线就可以通过吉利的海内外渠道向全球销售。

就在李书福参加2018年全国两会的时候，吉利汽车项目群在宁波杭州湾新区已破土动工。其中，吉利PMA纯电动汽车项目投资145亿元，可实现年产30万辆新能源车的产能，整车产值600亿元。在建的项目还包括新能源纯电动车电池包项目，建成预计年产50万套电池包，包括电池、电控、电机等。

据粗略计算，每年国内新能源纯电动车约有100万辆的需求，而吉利汽车一家企业一年就可以生产30万辆新能源纯电动车，完全可以满足市场30%的需求。

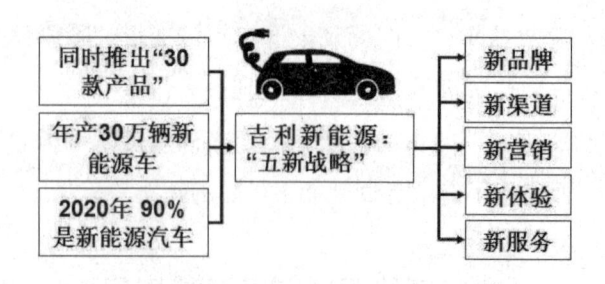

图55　吉利新能源战略

有些车企为补贴而造新能源车，国家一退补就涨价，让老百姓买不了新能源车。李书福将吉利新能源提升为独立的品牌，并发布了"五新战略"，就是为了"造老百姓能买得起的新能源车"。目前，吉利汽车在售的新能源，价格还是比较亲民的，吉利帝豪EV售价20万元左右，吉利帝豪GS售价10万元左右，减去国家与地方补贴（5万元左右），普通老百姓还是消费得起的。如特斯拉Model X，售价80万元左右，蔚来汽车ES8售价50万元左右，银隆新能源银隆艾菲售价40万元左右，这些车只有"新贵"和"机构"才能消费得起。李书福造新能源车是传统企业进行的转型升级，而许家印造车只能说是以资本换市场搞"跨界造车"。

2018年，恒大创始人许家印铁了心要发展新能源车，最快的办法就是以资本换市场，他先是连续入局法拉第未来、重庆墨希，杀入整车制造与能源材料领域；接着入股广汇集团成为第二大股东，因为广汇集团旗下的广汇汽车是我国最大的汽车经销商；后来恒大又自己注册了新能源纯电动车公司，许家印前后花了200多亿元终于"有技术、有销路、有工厂"了。在"跨界造车"方面，许家印确实有种"不成功即成仁"的果敢与魄力。恒大新能源车推出之后，售价会是多少？会不会像"卖楼那样给个亲民价"？我们将拭目以待。

2．从机械到智能互联：车联网、人工智能和自动驾驶

闭上眼睛，穿越到202X年，你与女友坐在高档的车厢内，打开天窗津津有味地吃着火锅，一边推杯换盏，一边谈笑风生，你醉意微醺地对着车头的主控室说"北京王府井"，车就能安全把你们送达。从此，你的出行再也没有醉驾入刑的恐慌，也没有开车不刷手机的禁令，一切都是那么惬意与便捷。这就是汽车自动驾驶的终极目标——无人驾驶。

自动驾驶的5个级别

2018年5月，吉利汽车推出的吉利博瑞GE，具备混合动力与L2自动驾驶，一举成了吉利新能源战略的"排头兵"。看来，李书福想要利用自动驾驶技术颠覆汽车行业。

吉利博瑞GE的L2自动驾驶是什么意思？我们先了解一下自动驾驶的5个级别。

L0：车辆完全由驾驶员掌控，驾驶员拥有绝对控制权，双手不能离开方向盘，车上不存在任何的自动驾驶技术。

L1：驾驶员依然需要去驾驶车辆，手不得离开方向盘，但车上拥有像ACC自适应巡航等安全系统，对驾驶员的驾驶起到辅助作用。

L2：车上的自动驾驶技术可短暂接管一些驾驶任务，驾驶员手可以离开方向盘数秒，获得短暂休息。

L3：驾驶员可以将手离开方向盘，脚离开踏板，车辆可以独立完成全部的驾驶操作。但驾驶员还要坐在驾驶位，随时准备接管驾驶任务。

L4：不需要驾驶员随时接管，也不需要驾驶员的干预，驾驶员只需要坐

在驾驶位上做自己想做的事。

L5：无人驾驶，驾驶员完全离开驾驶位，可以在车上做自己想做的事，只需要说出目的地，车辆便可自动安全到达！

可见，吉利博瑞GE的L2级自动驾驶技术，只能短暂接管一些驾驶任务，让驾驶员不用"一直把握方向盘"。

如博瑞GE搭载的自动泊车系统基本属于全自动操作。车辆在识别到车位后无须用户操作方向、油门或刹车，车辆可以全自动驶入停车位。同时，也可以全自动驶出停车位，并且与旁边的路沿或墙壁能保持不小于25cm的距离。无论是在车位的识别还是倒车的操作，整个车辆自动驾驶得非常流畅。

202×年实现城市自动驾驶

车联网、人工智能和自动驾驶是智能互联汽车的三大技术，自动驾驶是三者融合的结晶。随着吉利在自动驾驶技术方面的不断突破，中国老百姓们也有希望能早日开上无人驾驶车。

李书福表示："车联网不仅仅是车与移动设备的连接，更重要的是车与车、车与基础设施的连接。智能互联汽车绝不是简单地把手机功能集成到汽车上。智能互联涉及每一个人、每一辆车。整个生态链形成后，智能互联汽车将带给人们更多方便，可以变成你的保镖、秘书、联络员，内容非常丰富。汽车将成为下一代移动终端，吉利集团在这方面已经做了很多探索，并取得了一定成绩。"

在收购瑞典沃尔沃汽车、参股德国戴姆勒后，吉利的自动驾驶技术获得飞速提高。李书福说："我们在欧洲收购了一些汽车公司，同时也吸收了大量国际一流的研发人员，在汽车智能研发方面不仅走在了前列，还与国外销售地的消费文化、习惯相衔接。"

在吉利博瑞GE（含L2自动驾驶技术）上市后，吉利公布了自动驾驶发展规划：2020年量产L3自动驾驶，2022年，在高精地图和5G支持下，吉利将实现高度自动驾驶；202×年，实现城市自动驾驶巡航。

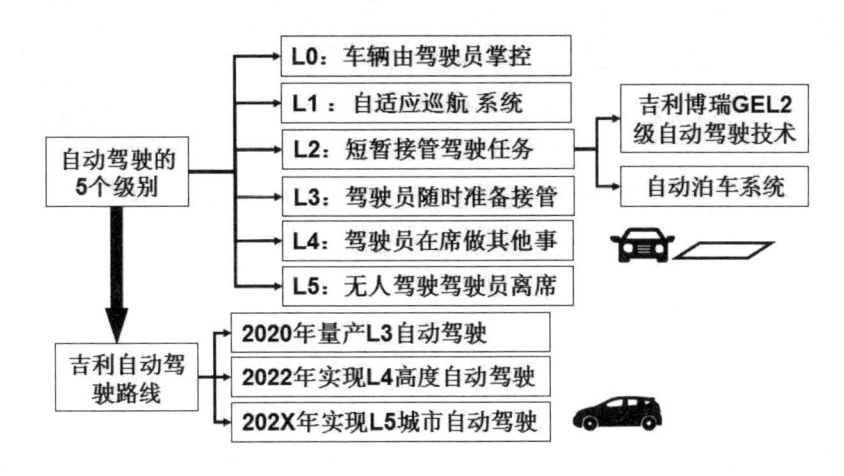

```
自动驾驶的     ┌─ L0：车辆由驾驶员掌控
5个级别       ├─ L1：自适应巡航 系统         ┌─ 吉利博瑞GEL2
             ├─ L2：短暂接管驾驶任务         │  级自动驾驶技术
             ├─ L3：驾驶员随时准备接管       └─ 自动泊车系统
             ├─ L4：驾驶员在席做其他事
             └─ L5：无人驾驶驾驶员离席

吉利自动驾     ┌─ 2020年量产L3自动驾驶
驶路线        ├─ 2022年实现L4高度自动驾驶
             └─ 202X年实现L5城市自动驾驶
```

图56　202×年实现城市自动驾驶

李书福以资本换技术，大力发展吉利的自动驾驶技术，试图利用自动驾驶技术来颠覆传统汽车行业。因为要颠覆一个产业，需要全面的颠覆，因为他们会用全新方式来改造原有的产业。

显然，李书福在收购瑞典沃尔沃汽车、参股德国戴姆勒后，利用西方的自动驾驶技术来颠覆中国传统汽车行业，似乎更加靠谱一些。

3. 从旧造车到新造车：必须一次性成功，不能有任何闪失

2018年11月，深秋的广州，木棉黄叶飘零，珠江奔流不已，街道车流如织。广州车展正在中国进出口商品交易会琶洲展馆开幕，一批以研发生产纯电动汽车为主体的造车新势力异军突起。如：威马汽车推出的首款纯电SUV威马EX5、电咖汽车推出的首款纯电SUV天际ME7、合众汽车推出的新能源车哪吒N01……

光是炒作是炒不出竞争力的

造车新势力的亮相，让传统车企为之一震：看来在造车方面，特别是纯电动车方面，还是高手在民间。

在李书福看来，现在进入汽车行业难度较大，不知这些造车新势力的家底厚实不厚实。因为新能源纯电动车的研发、生产与销售都需要大量的资金投入，而且研发不要简单看作"电池车＋四个轮子"这么简单，这里面也有很多科技含量。

李书福说："现在进入汽车行业不是没有机会，只是机会较小，难度较大。必须一次性成功，不能有任何闪失，更不能三心二意。过去我说造汽车没有几十亿元、几百亿元的投入，很难形成可持续发展能力。但是今天，我认为这个数字，没有几百亿元、几千亿元的投入，要在汽车领域有所作为几乎是不可能的。"

对于造车新势力的异军突起，拥有20多年造车经验的李书福早已看透了车市太多的沉沉浮浮，他说："这是一个很好的势头，一定要积极引导、大力支持，但是有些现象必须引起重视。如果不是踏踏实实投入到这一场竞争中来，

光是炒作是炒不出竞争力、炒不出高水平、炒不出高质量发展的。"

在广州车展开幕之前，2018年6月李书福已经推出了第二款纯电动车帝豪GS，第一款为吉利博瑞GE。帝豪GS是吉利新能源战略的第二款纯电动车型，同时也是首款纯电动SUV产品。这款车融合功能主义与时尚主义，为年轻、时尚的人群量身打造。

纯电动SUV价格≈同款燃油汽车价格

新能源车历来都比较昂贵，同款车型新能源车的售价往往比传统燃油车要高出一倍，因为电池组的价格太贵，还有相关的动力系统也比较贵，不像燃油这么简单直接。李书福决定在新能源车上再次施展高配低价，在价格方面颠覆新能源车的定价体系，纯电动SUV价格≈同款燃油汽车价格。

在续航方面，吉利帝豪GS采用了来自宁德时代的52kWh三元锂电池组，综合工况续航里程超过353公里，在60km/h等速状态下，续航里程超过460公里，大幅提升了纯电动汽车的出行半径。

在配置方面，帝豪GS配备了目前流行的手机无线充电功能，中控屏幕和仪表屏幕具备双屏互动功能，配有"你好，帝豪"的语音交互操控系统，可以实现语音唤醒音乐、导航等日常功能，还能实现开关空调和升降四门车窗。

在主动安全方面，这款车秉承了沃尔沃安全基因，七大驱动电压安全管理策略让全车电路安全万无一失。同时装备了博世第九代ESP电子稳定控制系统＋TPMS智能胎温胎压监测系统；全车携带360全景影像＋4，探头倒车雷达＋车载高清行车记录仪。

在被动安全方面，装有6安全气囊（气帘）＋预警式安全带；超高强度车身结构，针对电动车的特殊性，采用欧洲碰撞标准设计；一体化高强度钢化车身结构，能有效抵挡外力强大冲击。

拥有这样丰富配置的帝豪GS售价多少？帝豪GS补贴后全国统一售价为11万到14万元，让越来越多的年轻人买得起。作为一款纯电动SUV的帝豪GS的上市价格已经接近同款燃油汽车价格，在业界算是颠覆式的存在。

经过20多年的市场历练，李书福造车给人的感觉还是比较靠谱的，他从制造传统燃油车到制造新能源车，总能步步为营、稳扎稳打，没有技术就自主研发，没有资源就通过收购来合作开发。

这几年来发展起来的蔚来汽车，其发展路径与吉利汽车大为不同。可以说蔚来汽车是靠机构投资出来的，而吉利汽车是靠自主经营、自主研发一步一个脚印发展起来的。

2014年11月，李斌、刘强东、李想、腾讯、高瓴资本、顺为资本等企业家与互联网企业联合发起创立了蔚来汽车，并获得了淡马锡、百度资本、红杉、厚朴、联想集团、华平、TPG、GIC、IDG、愉悦资本等数十家知名机构的投资。两年后，2016年11月，蔚来汽车在伦敦发布了一款号称全球最快电动汽车EP9。

2017年4月，蔚来携11辆纯电动车亮相上海国际车展，这是蔚来品牌的"中国首秀"。2018年9月，蔚来汽车在美国纽交所成功上市。成立不到5年就上市，可见，蔚来汽车的目的在于实现快速上市获得资本回报，而不愿意像吉利汽车那样从一点一滴做起。

由机构投资出来的车企究竟能走多远，我们不得而知，但是消费者掏钱买车的话，也会考虑这些车企的品牌历史，因为汽车品牌越悠久，其售后和相关服务网点也就越完善。

4. 从制造商到服务商：投资曹操出行

"说曹操曹操就到，现在到的不是曹操，而是曹操专车。"曹操专车的兴起，让一线城市年轻人的出行，拥有了更多选择，除了滴滴、神州，还有曹操。

经济出行

曹操出行是吉利科技集团战略投资的互联网＋新能源出行服务平台，致力于打造首个建立新能源纯电动车出行服务标准的专车品牌。2015年5月，曹操出行成立。2017年2月，曹操专车获得了浙江省交通厅发布的首张新能源纯电动车网约车牌照，服务范围为全国。截至2018年底，曹操专车已取得71个城市的网约车牌照，投放新能源专车3.2万台。

在网约车市场竞争中，滴滴凭借着"司机＋平台＋乘客"的模式和风险资金投入迅速抢占了绝大部分市场份额，以58.6%的市场渗透率位居各大网约车平台之首。但是根据程维的说法，滴滴出行自从2012年7月创立以来，并未有实际的盈利，累计亏损高达400亿元。

话说回来，李书福之所以投资曹操出行，一来吉利有大量的新能源车可以销售给曹操出行，二来吉利可以利用曹操出行平台，实现从制造商到服务商的转变。

为了保证曹操专车的品质，曹操出行制定了一系列的车辆礼仪、司机礼仪、行车礼仪等严格要求，同时，对车辆要求也很高，不仅车龄不能超过3年，而且必须是在新车碰撞测试中获得五星的安全车型，目前使用车型大多为10多万元的吉利博瑞GE新能源车。

高端出行

在投资曹操出行，让老百姓实现经济型出行之后，李书福再与戴姆勒联手打造高端出行，因为市场需求永远是差异化的。

2018年10月，吉利集团与戴姆勒联手在中国成立了一家网约车合资公司，双方各持股50%。戴姆勒与吉利持股比例为50∶50，合资企业总部位于杭州，梅赛德斯-奔驰S级、E级和V级等车辆都参与网约车服务。

戴姆勒声称："新成立的合资公司将在数个中国城市利用高端专车提供网约车出行服务，但不局限于梅赛德斯-奔驰品牌的汽车。"

可见，李书福又想颠覆出行服务行业，颠覆的方式就是把主动权交给消费者，由他们选择经济型出行还是高端出行，正所谓"萝卜白菜，各有所爱"。

曹操出行目前的任务是发展、扩张、成长，定位经济型出行、绿色出行；而戴姆勒则要做高端出行。

目前，曹操出行在网点城市上远远落后于滴滴出行，要想颠覆出行服务行业，还需要其他新的技术。未来，李书福希望结合车载人工智能，优化网络空间，加快推进变革，把吉利控股集团从汽车制造商向交通运输服务商、信息内容提供商转型。

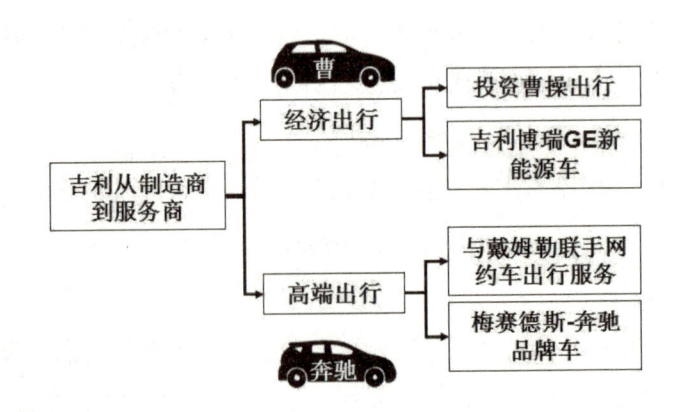

图57 吉利从制造商到服务商

转型有可能成功，也有可能失败。李书福希望通过变革，把吉利从汽车制造商转型为出行服务商、信息内容提供商，他投资曹操出行就是迈出了实际性的一步。滴滴出行由于连年亏损，也在谋求转型升级，那么他们有没有可能转型为汽车制造商呢？

2012年7月，程维成立了滴滴出行，经过资本的推波助澜，到2014年9月，滴滴出行上线仅两周年，就覆盖城市近300个，出租车司机用户超过100万，乘客用户超过1亿，日成交订单超过500万份，滴滴出行一举成为全球最大智能移动出行信息平台。

在利用资本封神之后，程维表示滴滴坚决不造车，滴滴也不谋求成为未来最大的汽车运营商，未来的汽车和出行、未来的硬件产品和软件服务之间的边界会越来越模糊，出行在迅速地线上化、智能化。

5．从现在到未来：人性化、智能化、定制化、新能源化

2014年1月，在北京798艺术区的79罐正在举办极客公园创新大会，伴随着一阵热烈的掌声，李书福身着黑色的衬衣，款步上台，并以"汽车行业中的极客"身份发表讲话。极客是美国俚语"geek"的音译，常指对计算机和网络技术有狂热兴趣并投入大量时间钻研的人。李书福在造车过程中，引入车联网技术、移动互联网技术，也算是一位经验丰富的极客。

三大观点

在会上，李书福表达了三个重要观点。

第一，开车应该是一种享受。原来我说过，汽车就是四个轮子加几个沙发，但是现在升级了。汽车从1.0到2.0到3.0时代，未来能自动驾驶的汽车必将到来，汽车的概念将发生巨大改变，将解放人类在汽车中的那段时光。开车不能那么复杂，还要到处东张西望。现在开车要踩油门踩刹车打方向盘，这些动作我认为都是多余的。今后开车应该是一种享受。未来汽车应该是绝对安全、绿色、智能的，是以人的需求和环境的协调为出发点，非常尊重用户的体验。

第二，汽车公司一定要拥抱互联网。我认为互联网不是野蛮人，其实非常文明，创新能力非常令人钦佩。过去汽车行业是非常封闭保守的，现在面对滚滚而来的科技大潮，汽车要融入这个大潮中去，未来汽车一定会进入互联网大数据时代。但是汽车公司不会被互联网颠覆掉。汽车公司一定要拥抱互联网，和互联网相互依存携手共进。

第三，每一辆车就像一棵树。汽车与互联网融合之后，将为人类共建一

个美好的未来，让汽车不再污染环境，而是给环境带来正面的帮助。每一辆车就像一棵树，它应该带来氧气，给城市带来清新的空气，而不是每一辆车成为一个污染源。汽车工业必须要解决这个问题。汽车不仅不发生交通事故，而且要给人带来保健作用，每一辆车都是一个保健机器和医疗设备。

颠覆世界的"神车"

对于未来心目中的"神车"，李书福是这样描述的："它能自己驾驶，自己维修，自己加油，自己充电；它可以成为我们的秘书和保安；它可以非常智能化，不会给人带来麻烦，不会伤害人，也不会污染环境……这是我心目中的汽车。"

乔布斯颠覆世界的方式，就是创新推出多款高科技产品，这跟李书福造车有点类似，李书福从造传统燃油车到造新能源车，接着造自动驾驶汽车，最后还想造不污染环境的"神车"。于是，越来越多人希望李书福能在新能源、自动驾驶方面创新推出"平民化神车"，以便彻底颠覆人们的出行方式。

乔布斯（生于 1955 年，卒于 2011 年），是著名的发明家、企业家、美国苹果公司联合创办人。乔布斯把电脑和电子产品变得简约化、平民化，让曾经是昂贵稀罕的电子产品变为现代人生活的一部分。乔布斯颠覆世界的产品包括 Ipod 随身听（可装 1000 首歌）、ipad 让电脑变得可以随身携带、iphone 让智能手机变成娱乐终端。正所谓，生命有限，创新无限！

成长图谱 11 如何颠覆自己

1. **颠覆思维方式**。突破自己原有思维模式，扩大想象力，就像《流浪地球》一样，把地球改造成"星际飞船"。如李书福那样，要大胆想象未来制造一款颠覆世界的"神车"，这辆车就像一棵树，给城市带来清新的空气。

2. **颠覆做事方式**。讲究做事的方法，学会快干、实干、巧干，不要总是苦干。如李书福通过收购瑞典沃尔沃汽车、参股德国戴姆勒，利用西方的自动驾驶技术来颠覆中国传统汽车行业。

3. **颠覆公司**。改革的魄力要更大一些才能改变现状，如李书福从传统能源转型到新能源，要求到2020年，吉利生产的汽车90%以上都是新能源纯电动车。

4. **颠覆行业**。需要研发多款产品覆盖各个细分领域。如李书福颠覆新能源行业，不再靠单款爆品，而是同时推出30款产品以满足不同层次消费者的需求。

5. **颠覆世界**。需要创新创造平民化的产品。如乔布斯把电脑和电子产品变得简约化、平民化，让更多普通人享受到高科技、高品质生活的乐趣。

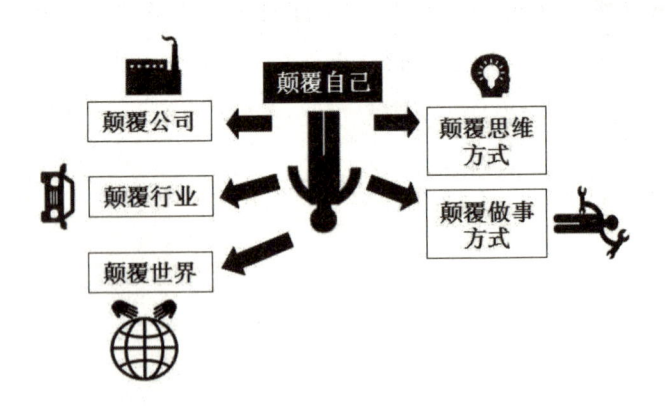

图58　颠覆自己

第12章

品牌哲学：要使我们中国品牌真正受人尊重

> 品牌是隐藏在商标背后的一种软实力，技术、品质、服务和用户尊敬的程度，是一种无形资产。因此，要真正打造好一个品牌，要使我们中国品牌真正受人尊重，任重而道远。
>
> ——李书福

1. 为消费者提供物美价廉的产品和服务

多年来，吉利汽车都是主打经济型汽车，推出 3 万至 5 万元高配低价的车型，李书福说："谁能更好地为消费者提供物美价廉的产品服务，谁就是产业和市场的主导。"然而，随着中国消费的升级，高品质的产品越来越受追捧，这时李书福提出了"高档车消费论"。

高档车消费的五个阶段

2014 年 3 月，在一次记者解答会中，李书福将中国高档车消费归纳为五个阶段。

第一阶段：为面子消费。 改革开放初期大家都比较穷，为了装面子去买一辆夸张的车，炫耀自己，看去显得更加气派、张扬。

第二阶段：追求高消费。 确实有一点钱了，但不知道买什么车，不知道什么车好，就去看什么车价格贵就买什么车。

第三阶段：类明星消费。 开始蒙蒙胧胧要研究到底什么车适合自己，但什么车适合自己呢？不知道，因此就去看明星坐什么车。

第四阶段：进口车消费。 很多走私的高档汽车，也有很多翻新的汽车，通过换换零件、把公里数调回到零，很多人不知道，还认为这是新车，车商就这样骗人。

第五阶段：个性化消费。 追求个性、追求属于自己的品牌、追求购买适合自己的车辆。开始明白不同的车有着不同的品牌性格，不同的品牌有着不同的消费群体，不同的消费群体有着不同的消费理念。

沃尔沃国产化

2010年3月，李书福收购瑞典沃尔沃汽车后，一直在推动沃尔沃国产化，其中，销量较好的沃尔沃XC60，售价在20万元到50万元之间。在中国汽车消费市场里，一般来说，超过20万元的车就可以说是高档车了。

随着中国消费的不断升级与沃尔沃的深入国产化，李书福判断，有实力的、有底蕴的消费者会买，沃尔沃一定会提高市场份额。

李书福还特意算了一笔账："欧洲2013年汽车产销量大约1000万辆，中国汽车产销量2000万辆都过了，沃尔沃2013年在年欧洲销售了26万辆左右，在中国只有6万辆。按此比例计算，如果中国消费者和欧洲一样的话，沃尔沃在中国应该卖50万辆。我们也相信，沃尔沃能够不断提升中国市场占有率，而不断深入的国产化，会带给沃尔沃良性成长。"

在李书福收购沃尔沃7年后，2017年沃尔沃中国年销量首破10万辆。2017年11月，在上海外高桥的一家永达沃尔沃4S店内，举行了一场"十万·新纪录·新起点——沃尔沃汽车中国2017年第十万辆交车仪式"，正式宣告2017年沃尔沃汽车在中国的销量突破10万辆大关。而沃尔沃未来的目标是，2020年中国销量达到20万辆，202X年中国年销量达到50万辆，真正实现李书福的销售目标。

一般来说，消费者难以拒绝物美价廉的产品，但是有些有实力的、有底蕴的消费者会买高品质的产品。李书福抓住中国消费升级的机会，推动沃尔沃国产化，为中国人提供安全可靠的高档车。虽然在销量上不如"BBA"（即奔驰、宝马、奥迪，它们被称为豪华车三强，在豪华车领域处于绝对优势），但是销量也是稳步增长。这说明中国汽车消费已经进入第5个阶段——个性化消费，越来越多的消费者在追求"人车合一"。

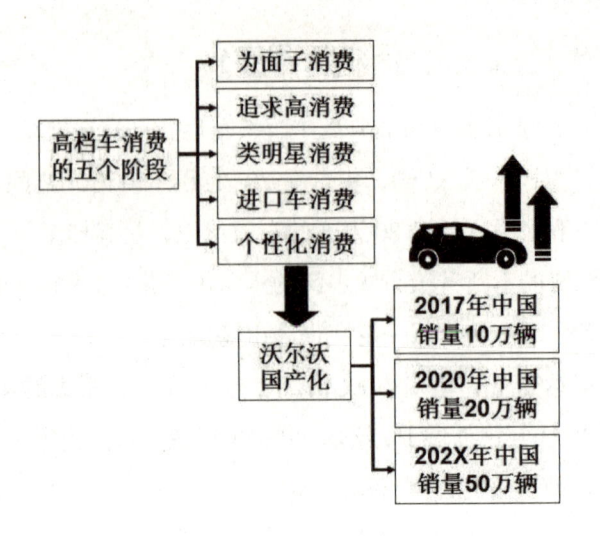

图59 沃尔沃国产化

李书福的高档车之路，就是通过收购沃尔沃然后进行国产化来完成，我们看看"BBA"之一的奥迪是如何走上高档车之路的。

1899年，奥古斯特·霍希离开卡尔奔驰公司，在德国科隆开办了他自己的小机动车修理店，并于1901年设计出了自己的第一辆汽车。1910年，霍希建立了一家汽车制造厂，命名为奥迪（Audi），是他自己姓名的拉丁文译义命名的。

在1912年至1914年之间，在世界上公认的最艰难的长距离汽车拉力赛——国际奥地利阿尔卑斯汽车拉力赛中，奥迪汽车连连夺冠，声名鹊起。随后，奥迪工厂相继研发出六缸、八缸奥迪豪华车。奥古斯特·霍希也成了德国汽车工业重要先驱者之一，被称为"奥迪之父"。可见，通过体育营销与研发多缸发动机，让奥迪进入了豪车前列。

2．让用户买到高技术、高品质、高附加值的中国品牌汽车

2018年12月18日，岁月如歌、辉煌见证，庆祝改革开放40周年大会在北京人民大会堂举行，李书福被中共中央、国务院授予了"改革先锋"的荣誉称号。

在大会结束后，李书福手写感言表明远大志向："我们一定要把汽车工业发展好，不断提升核心竞争力，让用户买到更加高技术、高品质、高附加值的中国品牌汽车，满足他们对美好生活的追求，推动中国汽车产业迈向全球价值链中高端。"

进入俄罗斯市场

10多年前，吉利汽车就代表中系车大举出口俄罗斯。2008年3月，吉利汽车与俄罗斯ROLF公司签订15亿美元订单，首批3000辆吉利金刚三厢车（售价3万至5万元）将通过ROLF公司进入俄罗斯市场。

根据双方签订的协议，从2008年开始，吉利将在5年内向俄罗斯出口20万辆整车，ROLF公司将成为吉利金刚和吉利远景车型在俄罗斯的整车经销商。

吉利与ROLF公司的合作是中国国内汽车企业最大的单笔供货合同，该合同总价值15亿美元。ROLF公司为俄罗斯第一大进口汽车商，该公司拥有非常庞大的物流资源，让吉利汽车成功借船出海。

虽然，俄罗斯经济发展滞后，但他们对于进口汽车的要求也不低。从2008年1月1日起，俄罗斯要求进口汽车达到欧Ⅲ标准，这使得进口汽车须

经各种严格测试后才能进入俄罗斯市场。这些认证共有 11 项，包括欧Ⅲ排放标准。吉利金刚凭借过硬的技术与品质，通过了俄罗斯一系列测试，包括内部噪音和有害物质测试等。

此外，根据俄罗斯市场的一些特殊需求，吉利还专门针对出口车型进行了冷气候试验改造，采用电流较大的启动电机、较好的电瓶，并根据当地市场需求更改黑色内饰，加装座椅加热丝等。这些高附加值的中国品牌汽车，让战斗民族很满意。在白雪纷飞的俄罗斯街头，车主呼朋引伴、乘坐暖和的吉利金刚去喝几杯伏尔加，那是多么惬意的生活体验。

出口中国品牌汽车

李书福不仅要为中国老百姓造买得起的好车，还要为世界人民造买得起的好车。所以，吉利汽车在精耕细作中国市场的同时，也在不断谋求海外出口，将中国品牌汽车推向世界。

据吉利汽车 2018 年财务报告显示，2018 年吉利汽车全年销量超过 150 万辆，销量名列乘用车第四、中国品牌乘用车第一，市场占有率提升至 6.3%。全年总收益为 1066 亿人民币，实现利润达到 126.7 亿元人民币。此外，2018 年吉利汽车海外出口超过 4 万辆，主攻乌克兰、沙特阿拉伯、俄罗斯以及非洲等国家和地区，其中售价 11 万元左右的吉利博越智能互联精品 SUV 出口数量最多。

从出口经济车吉利金刚到出口中档车吉利博越，李书福要"让用户买到更加高技术、高品质、高附加值的中国品牌汽车"的目的，已经达成。

发展中国品牌汽车，需要有"十年磨一剑"的精神，因为中国品牌汽车代表着中国制造的国际形象。只有让用户买到高技术、高品质、高附加值的中国品牌汽车，海外用户才会爱上中国造。

10 多年以来，吉利汽车一直在搭建海外渠道，推动吉利汽车出口海外市场。中国另一个品牌长虹进入印度尼西亚市场，也花了 10 年的时间。

1958年长虹成立，先以军工立业，后以彩电兴业，最终发展成为一家多元化综合型集团公司。长虹的第一个海外办事处和工厂都建在印度尼西亚。1999年长虹电视产品进入印度尼西亚市场，第二年长虹的第一个海外工厂在印度尼西亚开建。经过10年的发展，长虹在印度尼西亚最终发展成为中国第一家电品牌。

3. 自主品牌的品质比韩系车绰绰有余，也能追上日系车

2018年上半年，以吉利汽车为首的中系车终于雄起了，在中国市场的销量，吉利汽车击败所有日系车。这是20多年以来，自主品牌车企在国内销量首次击败了所有日系车。

2018年上半年吉利汽车国内销量累计超过75万辆，不仅超过了日产的72万辆，更高于丰田的68万辆和本田的60万辆。日产、丰田、本田三雄纷纷落败。以一敌三，吉利是如何挑落三大日系车品牌的呢？

吉利汽车的三大招

"拥有核心技术、产品快速迭代和多品牌策略"，吉利汽车正是通过这三招，一举超越所有日系车。

一是拥有核心技术。 例如：吉利自主研发CVVT发动机JL4G18、BMBS爆胎监测与安全控制系统，通过收购瑞典沃尔沃汽车共享更好的安全技术，还有研发新一代模块化架构BMA技术等。这些都是核心技术。李书福说："吉利汽车的目标是要做真正拥有核心技术、自主知识产权、受人尊重的中国汽车品牌。虽然我们在这条路上走得不会很平坦，但我相信我们每走一步，就会取得一点积累和进步。"

二是产品快速迭代。 例如：吉利从传统燃油车发展到新能源车、从三厢轿车发展到SUV，更新换代的速度特别快。在二孩政策的大背景下，吉利汽车赶上了中国SUV热潮，利用了"轿车平台+高颜值设计"的模式生产出一系列"跨界SUV"，如吉利星越、吉利缤越、吉利博越、吉利帝豪GS、吉利远

景 X3、吉利远景 SUV、吉利远景 X1、吉利远景 S1、吉利帝豪 GSe、吉利缤越 PHEV、吉利星越 PHEV 等，迅速覆盖SUV各个细分领域。

三是多品牌策略。例如：吉利通过一系列收购，形成了吉利、领克、沃尔沃、伦敦出租车、宝腾和路特斯（莲花）"并行不悖"的六大汽车品牌，覆盖低、中、高端全部品牌。

在提升品牌形象方面，吉利借助彼得·霍布里（吉利汽车集团设计高级副总裁）和本土设计师构建的设计团队，掀起了高颜值设计潮流，让吉利汽车的车型更加时尚、更加新潮、更有立体感，全面提升了吉利的品牌形象。瑞典沃尔沃的豪华品牌调性也为吉利总体形象的提升起到了关键作用，为后续推出领克高端品牌奠定了基础。

管不了人家，把自己管好

李书福说："我不知道整个中国在世界上的印象什么时候能够改变过来，就像日本当初给人家低质低价的现象，现在相对变得质量好一点的形象。但是我们自己要努力，我管不了人家，但是把自己管好。我相信三五年以后的吉利汽车，一定能够给大家带来惊喜，展现在大家面前的不会亚于日本的、韩国的，或者说一些同类同档次产品的水平，这一点我们非常有信心。"

在发展自主品牌的过程中，我们要大胆与全世界优秀的企业或团队合作，这样才能让自主品牌长盛不衰。李书福通过收购瑞典沃尔沃共享了先进的汽车安全技术。日产在扩展全球时，则在全球范围内展开合作与联盟。

1933年，鲇川义介在神奈川县横滨市成立日产（NISSAN），发展成为日本知名汽车制造商。为了发展，鲇川义介与众多企业在广泛的领域中展开战略性合作，通过合作与联盟将事业区域拓展至全球，不断扩大企业经济规模。目前，日产在20个国家和地区（包括日本）设有汽车制造基地，并在全球160多个国家和地区提供产品和服务。

日产在中国通过合资公司开展汽车业务，1993年成立了合资企业郑州日产，生产皮卡和帕拉丁。2003年，日产与东风合资成立了中国最大的汽车合资企业：东风汽车有限公司。在该公司旗下成立了东风日产乘用车公司，专门负责乘用车业务。

4．吉利汽车进入全球汽车企业前十强

美国从西海岸到东海岸，除了车还是车，这个车轮上的国家，每天都产销各种型号的车。美国是全球最庞大的单一汽车市场，也是全世界汽车业最重要、竞争最激烈的地方。2015 年，美国汽车销量自经济衰退以来首次超过 1700 万辆，并在 2016 年达到峰值 1760 万辆。

美国汽车工业的产品构成主要为乘用车和轻型载货汽车，还有少量重型卡车和客车。美国约有 3.2 亿人口，千人汽车保有量达到 800 辆的水平，几乎是每人一辆车。

领克汽车的国际化基因

吉利汽车能否像日系车那样拿下美国市场，从而顺利进入全球汽车企业前十强？"那就让领克汽车去试试看。"2016 年，吉利控股集团将迎来 30 岁生日，李书福在给全体员工的新年贺词中，提出了一个吉利的远大梦想："吉利汽车将向受人尊敬的全球汽车十强企业挺进。"

2016 年，吉利汽车通过发布欧洲战略，让领克汽车开进欧洲市场。现在美国市场成为了又一个目标市场。

领克汽车品牌将是吉利汽车冲击全球车企前十的"撒手锏"，因为它采用欧洲技术、欧洲设计、全球化制造、全球化销售，与吉利汽车相比领克品牌拥有更多国际化基因。李书福以欧洲技术打入欧洲市场没有问题，现在又以欧洲技术打入美国市场，应该也没有什么大问题。

2017 年 8 月，浙江吉利控股集团、吉利汽车控股有限公司、沃尔沃汽车集团在吉利汽车杭州湾研发中心正式签署协议，成立领克汽车合资公司。新公司成立后，吉利汽车拥有领克汽车 50% 的股份，沃尔沃汽车拥有 30% 的股份，吉利控股集团拥有 20% 的股份。

领克汽车一成立就担负着"冲击全球车企前十强"的使命。在渠道建设方面，领克汽车计划在全球范围内创新建立 100 多个"领克空间"和"领克中心"覆盖主要消费市场。领克空间在都市大型商业中心提供展示、销售功能，具有更好的引流和扩大品牌知名度的功能。而领克中心具备展示、销售、售后服务等传统汽车 4S 店的功能。

进入美国得先抑后扬

领克汽车在美国市场的打法没有像欧洲市场的打法那样，直接用"车＋店＋厂"铺过去，而是先抑后扬。领克汽车计划通过销售日用品打入美国市场，以建立在美国消费者心中的品牌形象。等站稳脚跟后，再将汽车产品引入美国。

在美国，让越来越多消费者还没开上领克汽车之前，就已经在使用领克的日用品，比如衣服或牙刷。这些产品将会作为领克汽车公司的一部分而存在，以建立一个新的汽车品牌概念。

2018 年，全球车企排名前十分别为丰田、大众、戴姆勒、通用、福特、本田、上汽、宝马、日产、东风。吉利还没有进入前十，所以"革命尚未成功，同志仍需努力"。

领克汽车预计在 2021 年左右大举进攻美国本土，在 3 年内做到 10 万辆到 15 万辆的销售成绩。而另一边，领克在 2020 年进入欧洲市场，每年销量争取达到 15 万到 20 万辆。随着领克全球销量的提升，吉利汽车进入全球车企前十还是很有希望的。

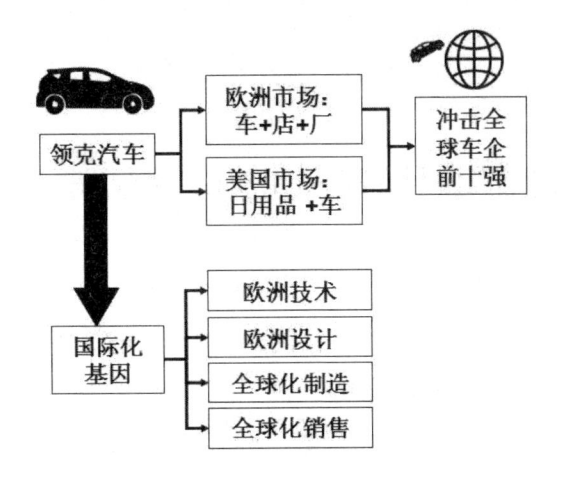

图60　领克汽车进军全球市场

2019年5月,"2019中国上市公司品牌价值榜"正式发布,吉利汽车的品牌价值为468亿元。而东风汽车的品牌价值超过1000亿元,吉利汽车要想超越东风汽车,挤进全球车企前十,其品牌价值还要再翻两番才行。

东风汽车公司始建于1969年,经过50年的建设,在十堰、襄阳、武汉、广州建有四大生产基地,形成了"立足湖北,辐射全国,面向世界"的事业布局。主营业务涵盖全系列商用车、乘用车、发动机及汽车零部件和汽车水平事业。东风汽车由国家出资成立,"财大气粗又有政策导向",所以发展得比吉利要大、要快。吉利汽车作为民营车企,只能"自强不息,迎头赶上"。

5．未来中国制造品牌将超越国外品牌

2018年5月,世界影响力组织发布了境外最受欢迎中国品牌榜,在这份榜单中,吉利汽车以第五名的身份进入前十,吉利汽车不仅是唯一的汽车品牌,还超越腾讯、大疆、小米这些消费电子产品品牌。可见,汽车这种大宗消费比小额消费更让人记住、更让人幸福。

李书福坦言:"目前中国制造的品牌和国外品牌比起来还有一些差距,但是未来中国品牌一定会超越国外品牌。"

那么,中国品牌怎么超越国外品牌呢?李书福提出了三条建议:

第一,科技创新要强发力。没有科技创新就没有制造业的崛起。吉利收购沃尔沃后,吉利从沃尔沃汽车获得了大量宝贵的技术,尤其是涉及汽车安全方面的技术,沃尔沃是全球第一。吉利加上沃尔沃,近5年在新型发动机技术研发方面的投入,超过800亿元!仅吉利的投入就达200亿至300亿元。

第二,降低成本要动真格。据调查,劳动力成本10年来上升了2.7倍,民营企业融资成本超过银行基准利率2倍以上,物流成本是发达国家的2倍,许多企业"五险一金"占工资总额的40%左右,企业还要承担很重的税费负担,制造业的利润已经比刀片还薄了!要大力发展多层次资本市场,提高制造业直接融资比重,切实降低融资成本。

第三,品牌建设要下功夫。品牌就是企业的灵魂!品牌建设是扩大有效供给、推动供给侧结构性改革的重要内容,必须给予高度重视。我国制造业品牌市场认可度低,竞争力弱,在世界品牌500强中仅有31个,百强品牌中仅有7个。在这种情况下,吉利博瑞赢得了最美中国车的称号,在国内外拿到了几十个大奖,而吉利博越SUV也有非常好的口碑。这都是吉利提升自己品牌价值和含金量的底气。

在汽车领域，中国制造品牌还没有超越国外品牌；而在家电领域，中国制造品牌已经超越国外品牌。1999年，张瑞敏投资3000万美元，在美国南卡罗来纳州建立海尔美国工业园，生产家电。当时很多人批评说美国的优势在于技术领先，劣势在于人力成本高而且市场饱和，海尔去美国无异"自寻死路"。10年过去了，如今在美国，年轻一代都知道海尔是一个很好的家电品牌，已经不知道它是来自中国的品牌，海尔品牌正在成为美国本土化的品牌。海尔的做法可以给吉利汽车做个借鉴，要想超越美国汽车品牌（如福特、别克、雪佛兰等），就要到美国市场里"扎根十年、做美国的本土化品牌"。

成长图谱 12　如何建立个人品牌

1. **定位个人品牌**。简单来说，就是你要给别人留下怎样的印象。如李书福打造的吉利汽车品牌，给人们的印象就是，为消费者提供物美价廉的产品和服务。

2. **形成个性化形象**。如李书福造出来的吉利汽车拥有统一的水滴涟漪家族式进气格栅设计，还有降低风阻系数的溜背设计以及各种高颜值设计，让吉利汽车充满个性化形象。

3. **重复几条金句**。如李书福的名言就是"汽车就是四个轮子＋两个沙发。"

4. **用情商热销自己**。如李书福在收购瑞典沃尔沃汽车时，搞定工会的"方法"，就是用西方人乐于接受的一种表达方式"我爱你"，最终赢得了工会现场的一片掌声。

5. **策划新闻，广泛传播**。如李书福在媒体面前抛出"高档车消费的五个阶段"，就是为了推销吉利与沃尔沃的合资品牌——领克汽车。

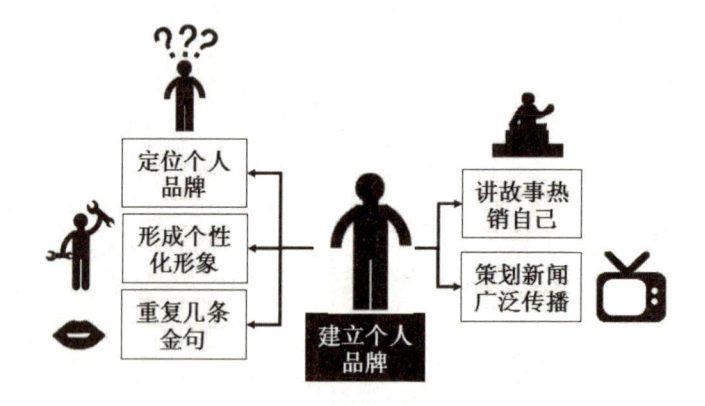

图61　建立个人品牌

第13章

人才哲学：必须解决国际化人才、市场化人才欠缺的问题

> 中国企业要想更好地在国际市场发展，必须解决国际化人才、市场化人才欠缺的问题。在全球市场经济领域中，能够打胜仗的人才确实不多。因此，建设一支兼备制定正确战略并能高效执行、能打胜仗的队伍，比什么都重要。
>
> ——李书福

1. 留住人才，培养人才，引进人才，清理人才

2002年初，北风凛冽，李书福风风火火从宁波北上津门，要找一位牛人——天津齿轮厂总工程师、国务院特殊津贴获得者、国家自动变速箱ECU组组长徐滨宽。

动员自动变速箱人才

"过来吧，帮我们吉利研制自动变速箱！"李书福直接表明来意。2001年11月，吉利刚刚获得轿车生产资格，之前很长一段时间，李书福都是在搞冰箱配件、装潢材料和摩托车。

"你们还是别搞了，搞汽车风险太大。"徐滨宽给了李书福一个忠告。徐滨宽心里却在想：一个连车还没造好的企业，一个半路出家的老板，怎么可能开发自动变速箱？

"只要有了你这样的自动变速箱人才，我们就能搞，而且还能搞好。"李书福又再次动员徐滨宽南下。

可是，徐滨宽并没有动心。当时，徐滨宽是天津齿轮厂总工程师，待遇福利，既丰厚又稳定。如果跟着李书福南下宁波搞变速箱，一不小心企业搞黄了，那就得不偿失了。

后来，李书福连续10个月锲而不舍地去找徐滨宽，有时在单位门口，有时候在家里面，有时候在行业会议上，李书福只要有机会就去"请"徐滨宽。

"精诚所至，金石为开"，李书福终于说动了徐滨宽。徐滨宽决定南下，帮助吉利研发变速箱。

2002年10月，李书福成立了浙江吉利变速箱有限公司，让徐滨宽出任总经理。厂址位于宁波市北仑经济技术开发区，占地面积53333余平方米，建

筑面积约 3 万平方米。

发动机、底盘、变速箱一直被称为汽车的三大核心技术，经过多年的发展，中国不少自主品牌车企已经在发动机和底盘上都有了突破，掌握了拥有自主知识产权的核心技术。唯独在自动变速箱领域，一直被德国采埃孚、爱信、加特可、格特拉克、博格华纳等少数外资寡头垄断。

在研发之前，徐滨宽坦诚地告诉李书福："此事有三成的机会赢，但有七成的机会败。你真的决定这么做吗？"李书福鼓励他说："风险都是公司的，你只管放手大胆去干，我全力支持你。"

我给你当后勤部长

徐滨宽在研发自动变速箱的第一年，主要进行规划设计、原理研究、开发试验、检测设备，连变速箱的影子都没有见着，就花掉了 1800 万元。

这时就有人议论了，花大价钱请来的"牛人"却没有研发出自动变速箱，这分明是一桩亏本的买卖。可是，李书福仍然力挺这个项目，他对徐滨宽说："我给你当后勤部长，要权给权，要钱给钱，要人给人，失败了由公司负责。"

就这样，徐滨宽决定放手一搏，他带领团队废寝忘食、夜以继日苦干三年，利用上亿元的经费，耗费 110 台试验车，跑过 20 万公里的就多达 50 辆试验车，在试验中坏掉的变速箱就有 300 多个，终于自主研发成功中国第一台自动变速器。

其间，李书福会在夜里跑到实验室来看一看，问问徐滨宽有什么困难没有。当得知徐滨宽患有胃病时，李书福焦急万分，就派专人到全国各地求医问药。

2005 年 5 月，吉利自主研发的 JL-Z 系列自动变速箱实现了量产。这是国内目前唯一拥有自主知识产权的自动变速箱，而价格仅为进口产品的一半。浙江吉利变速箱有限公司也因此成为吉利控股集团最具潜力的效益增长点之一。

在自动变速箱方面，吉利自主研发的 JL-Z 系列自动变速箱，建立了国内首个 AT 自动变速箱系列产品的企业标准，指导编制了自动变速箱专用配套零部件相关技术标准28套,并获得10项专利成果(5项发明,5项实用新型),填补了国内汽车领域的空白,并获得2006年度中国汽车行业科技进步唯一的一等奖,创建了国内自动变速箱配套产业链,带动了国内汽车变速箱配套行业的整体升级。

"苦战三年,终成正果",徐滨宽一举成为"吉利自动变速箱之父"。后来,李书福又让徐滨宽出任吉利自动变速箱研究所所长、吉利自动变速箱项目总负责人。

在人才管理方面,李书福认为人员流动是一个优胜劣汰的过程,适应吉利企业发展的,最后会留下来。李书福说:"我的管理准则是:相对稳定,动态平衡,优胜劣汰。我还有16字方针:留住人才,培养人才,引进人才,清理人才。人才在流动过程中,会给企业带来很多新的思想。真正能适应吉利企业发展的,自然最后会留下来。企业管理也要讲究比较效益,要看人员流动所带来的负面影响和正面影响之和,是正值还是负值。是正值,值得;是负值,则不值得。"

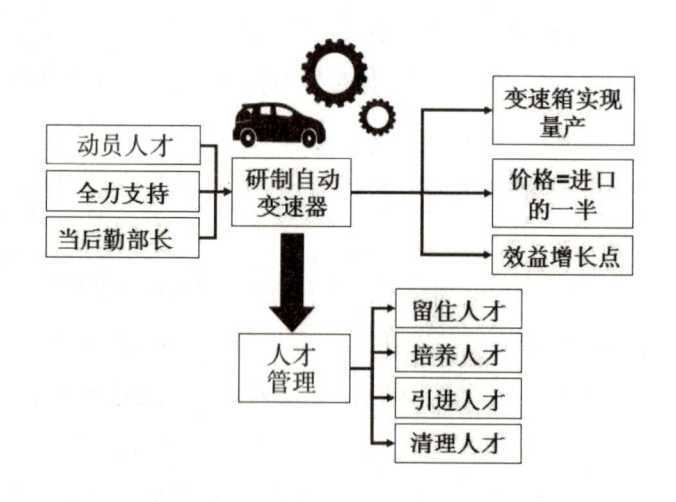

图62 吉利研制自动变速箱

李书福为了请进自动变速箱人才,连续10个月锲而不舍地去找徐滨宽。为了留住人才,李书福甘当后勤部长,要权给权,要钱给钱,要人给人,失败了由公司负责,所以徐滨宽才无后顾之忧,带领团队研发出了JL～Z系列自动变速器。

在人才培养方面，李书福学会抓重点，"找一猛将来带兵"。TCL在人才培养方面，则是内部培养。TCL集团于2014年启动了"海鹰项目"——从各产业挑选立志于赴海外发展的英才，从语言和业务、理论和实践等各个层面进行集训，最后把他们派往各产业海外分支机构，开始新的职业生涯。TCL的海外工厂，如TCL电子在波兰、墨西哥和越南的工厂，也都需要"海鹰人才"的支持。

2. 要从根本上解决汽车工业的发展，必须要自己培养人才

"百年大计教育为本，汽车大计人才为本。"有一年，有些高校培养的"高才生"到了吉利汽车的生产车间之后，看着电光石火的流水线，一脸茫然，居然不知道怎么干活，也不愿意干具体的工作。李书福看在眼里、痛在心上，最后得出一个结论："要从根本上解决汽车工业的发展，必须要自己培养人才。"

培养汽车产业工人

2004年李书福筹建了铭泰投资发展集团，下设铭泰教育、铭泰体育、铭泰文旅、铭泰健康4个事业部。经过多年发展，旗下的铭泰教育发展成为中国最大的民办高等教育投资集团之一，铭泰教育以成为中国民办高等教育第一品牌为目标，以"走进校园是为了更好地走向社会"为办学核心理念，以培养"学生竞争力"为使命。

在国家大力发展新能源纯电动车的倡议下，李书福决定培养一批新能源纯电动车产业工人。

2018年12月，北京吉利国际教育有限公司与广东省轻工职业技术学校、广东省交通运输技师学院、佛山市顺德区中等专业学校、清远市职业技术学校共同举办的"吉利新能源校企合作签约仪式"，希望通过产教融合，为企业输送高素质、专业化、应用型新能源纯电动车人才，实现专业与产业、企业、岗位对接。

2019年4月，李书福还成立浙江吉利教育科技有限公司，经营范围包括教育设备及软件的研究、开发等。

在20多年造车的过程中，李书福从事教育事业、培养人才大事记如下：

1997年，李书福在浙江筹办了浙江经济管理专修学院，后来依托这所学校又创办了浙江豪情汽车工业学校、浙江吉利技师学院、浙江汽车职业技术学院三所全日制院校。

1998年，李书福创办浙江吉利技工学校，并于2004年与浙江吉利中等专业学校（1999年创办）合并，之后正式更名为浙江豪情汽车工业学校。

2000年，经教育部批准，吉利控股集团投资建设的全日制普通本科学院北京吉利学院（后为北京吉利大学）在北京市中关村创新示范区昌平园区落地。

2001年，李书福创办浙江吉利技师学院。

2005年，李书福出资建设了三亚市最早、规模最大的本科院校——三亚学院。

2006年，李书福又开始筹建浙江汽车职业技术学院，并于2008年2月正式建校，重点建设汽车、电子、机械制造和商贸流通服务类专业。

2007年，李书福投资创立了中国第一所民办研究生院校——浙江汽车工程学院。

2009年，李书福投资建立了三亚理工职业学院。

2012年，经政府部门批准，吉利控股集团投资建设湖南吉利汽车职业技术学院，这是一所以培养汽车类高技能人才为主的全日制普通高等职业院校。

以市场需求为导向

综上所述，截至2019年，吉利控股集团共创办了北京吉利学院（北京吉利大学）、三亚学院、浙江汽车工程学院、湖南吉利汽车职业技术学院等8所院校。此外，吉利控股集团在汽车智能研发领域与清华大学、浙江大学、华中科技大学、河北工业大学等知名大学和科研机构建立产学研合作。

李书福办学校培养人才，都是以市场需求为导向、以就业为导向，不培养那些"高分低能的书呆子、背多分"。李书福曾多次表示："吉利办学的目的就是让学生走进校园之后更好地走向社会。"

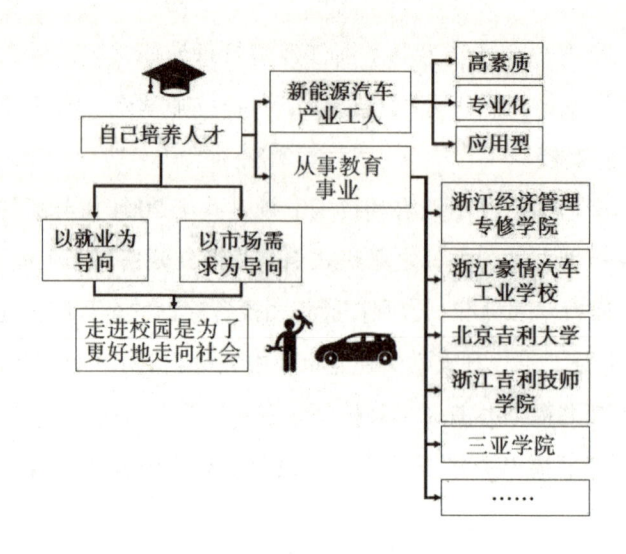

图63　自己培养人才

　　学校的教材往往是千篇一律，而企业要跟随市场的变化而变化，学校与企业培养的人才是有差距的。可以说，高校培养人才是基础型人才，而李书福培养的是职业化的汽车类人才。李书福与多家职校培养汽车产业工人，以市场需求为导向，自产自销。

　　除了李书福之外，碧桂园也通过投资创办职业学院，培养建筑类人才。

　　2013年10月，广东省国强公益基金会在广东省清远投资主办了广东碧桂园职业学院。广东省国强公益基金会是碧桂园控股有限公司董事局主席杨国强先生及副主席杨惠妍女士创立的非公募基金会。

　　该学院采用校企结合的办学模式，不仅不向就读的学生收取一分钱的学费，还定期向他们发放生活补贴。这是全国唯一一所全免费的大专院校。其专业涵盖建筑工程技术、工程造价、装饰工程技术、酒店管理、园林工程技术和物业管理等6大专业。

3. "人才森林"：引进外部"人才大树"，内部培养"人才小树"

随着吉利集团的国际影响力越来越大，大批造车精英加盟吉利，渐渐形成了吉利自己的"人才森林"。

在"人才森林"建设方面，李书福"要种两种树"：一种是引进外部"人才大树"，从顶级汽车品牌企业挖顶级工程师和设计师；另一种就是内部培养"人才小树"，开展大规模的人才培训计划，通过自办院校、设立研发中心、内部集训、师父带徒弟一对一等方式批量培养人才。

引进"人才大树"

下面说说李书福引进两棵"人才大树"的故事。

吉利引进的一棵"人才大树"，是沃尔沃原汽车设计副总裁彼得·霍布里。

2011年11月，在李书福的盛情邀请下，沃尔沃原汽车设计副总裁彼得·霍布里正式加盟吉利，担任吉利汽车集团资深设计副总裁。霍布里主要负责吉利品牌未来产品的设计开发工作。

霍布里算是一棵"人才大树"，因为它在设计方面战果丰硕。从1991年起，霍布里就加入沃尔沃汽车，彼得·霍布里已连续11年担任设计总监职务。2002年，霍布里前往福特汽车集团负责包括阿斯顿·马丁、捷豹、路虎和沃尔沃品牌在内的高端车设计业务。2004年霍布里前往底特律担任福特汽车集团设计总监，并于2009年回到沃尔沃担任设计副总裁至今。

李书福对霍布里给予高度评价："霍布里的深厚行业经验将成为吉利产品获得成功的关键。"

吉利引进的另一棵"人才大树"，是宾利首席内饰设计师罗宾·佩吉。

2013年4月，前宾利首席内饰设计师罗宾·佩吉正式出任沃尔沃汽车内饰设计总监。宾利是一家举世闻名的超豪华汽车制造商，总部位于英国克鲁。从2001年罗宾·佩吉开始负责宾利汽车的内饰设计工作，设计作品包括欧陆系列、慕尚系列以及专为伊丽莎白二世女王打造的宾利元首级豪华轿车。

大批造车精英协同合作

李书福说："吉利在杭州、宁波、瑞典哥德堡和英国考文垂，设立了4个研发中心，其总研发人员超过1.5万人。光是外籍人员就达到了3000人，他们来自全球30多个国家，集合了汽车创新领域的众多一流专家，大批造车精英协同合作，使我们真正拥有了'最强大脑'和独特的工程师文化。"

李书福的"人才森林"战略，就是"两种树一起种"，一头引进"人才大树"，另一头内部培养"人才小树"。相比之下，联想杨远庆组建"梦之队"基本上是网罗全球顶尖人才。

联想集团董事长兼CEO杨元庆总结了一道联想的人才培养公式："网罗全球顶尖人才＋完备的选拔培养机制＋没有天花板的舞台＝梦之队"。"梦之队"是美国国家男子篮球队的昵称，它囊括了几乎所有的NBA顶尖选手，面孔多元、实力强悍，代表着美国乃至世界最强的篮球实力。

杨元庆组建联想的"梦之队"——联想最高领导班子LEC（执行委员会），里面共有9名成员，他们分别来自中国、美国、荷兰、意大利、英国、加拿大等6个国家。联想积极网罗全球资源和人才，构筑了联想"梦之队"，为联想的国际化夯实了基础。

4．建设一支制定战略、高效执行、能打胜仗的队伍

好比"汽车有四个轮子"一样，汽车企业要想高速稳定发展，必须以品牌为一轮、技术为一轮、生产为一轮、营销为一轮，每一轮都有一支能打胜仗的队伍。在技术方面，目前吉利拥有杭州、宁波、瑞典哥德堡和英国考文垂四大研发中心，上海、瑞典哥德堡、西班牙巴塞罗那和美国洛杉矶四大设计中心，研发人员超过1万人。

下面我们看看吉利全球四大研发中心里面的团队是怎么运作的。

四大研发中心

第一，吉利宁波慈溪杭州湾研发中心：以沃尔沃的标准展开工作。

宁波慈溪杭州湾研发中心，2013年开始规划，2016年正式投入使用，现有超过1万名工程师在搞研发，未来将扩大到3万到5万人。该中心由整车研究院、汽车动力总成研究院、新能源纯电动车研究院、汽车创意设计中心构成，运用沃尔沃的技术规范和标准，开展样车试制、产品预验证、工艺预验证和管理预验证工作，可实现10款车型柔性化混线精益制造，是国内最大、最先进的整车试制中心。

吉利宁波慈溪杭州湾研发中心是吉利的研发大本营，这里承载着吉利汽车产品开发和技术突破的重任。该中心拥有多项中国甚至是世界之最，比如拥有68个试验台架的动力总成中心，规模居国内第一。

第二，吉利瑞典哥德堡研发中心：研发中级车模块化架构

2013年，吉利在瑞典哥德堡设立欧洲研发中心，整合旗下沃尔沃汽车和吉利汽车的资源，打造新一代中级车模块化架构及相关部件，以满足沃尔沃

汽车和吉利汽车未来的市场需求。也就是打造一个能使沃尔沃和吉利两个品牌同时受益的中级车架构，这一架构将构筑零部件采购、技术标准的统一载体。在这一架构基础上，两个品牌将分别构建适合自己的产品平台。CMA 就是由沃尔沃和吉利联合开发的模块化架构。

第三，吉利英国考文垂研发中心：研发轻量化新能源商用车

2015 年吉利在英国投资 5000 万英镑（约合 4.9 亿元人民币），建设前沿技术研发中心和新工厂，研发和生产 9 种不同车型，包括集团将推出的轻量化新能源商用车。李书福表示："我们将充分整合资源，发挥英国在新能源纯电动车领域的技术基础和原创性人才优势，通过在英国设立前沿技术研发中心，不断研发推出引领技术趋势和符合市场需求的新车型。"

第四，吉利杭州研发中心：研发中国本地化车型

2010 年吉利在杭州斥资 3.5 亿元建新研发中心，时隔 6 年时间又将杭州研发中心搬至了吉利宁波杭州湾研发中心。该中心主要研发中国本地化车型。

四大设计中心

除了四大研发中心外，李书福还设立了四大设计中心，针对产品造型展开创意研究，这四大设计中心分别位于美国洛杉矶、西班牙巴塞罗那、瑞典哥德堡以及中国上海。设计团队设计出的第一款产品是吉利博瑞，充满了中国风的设计风格；第二款车型，进行高颜值设计，诞生出最美国产 SUV——吉利博越。

21 世纪最缺的就是人才，中国民营企业要想走得更稳、更远、更快，还得靠人才。李书福说："从根本上讲还是人才。中国企业的国际化人才、市场化人才依然欠缺，在全球市场经济领域里能够打胜仗的人才确实不多。所以，建设一支兼备制定正确战略并能高效执行、能打胜仗的队伍，比什么都重要。"

李书福不仅在杭州、宁波设立研发中心，还要在欧洲瑞典哥德堡和英国考文垂设立研发中心，打算"中西合璧"，利用中欧团队的力量，研发出具有

市场竞争力的产品,最终"能够打胜仗"。

不仅李书福这样做,宝马也是这么做的。为了把宝马销往全球,宝马在全球各地创立了研发中心。2018年5月,宝马(中国)研发中心在北京顺义区空港工业区正式揭幕,该中心希望通过本土化的研发能力,能更快、更精准地满足中国客户的期望。这是宝马集团落实"在中国、为中国"本土化研发战略,建立体系化研发网络所迈出的重要一步。

5. 汽车行业是一个人才、资本、技术都高度密集的行业

2015年7月吉利汽车举办"吉利新金刚品质探访之旅",很多吉利车主前往吉利汽车路桥生产基地,亲眼目睹新汽车的制造过程。很多车主虽然开了很多年的吉利车,但是对于吉利车是怎么造出来的,还是搞不清楚其中的来龙去脉。

汽车流水线作业

当车主们走进总装车间时,就发现震撼的一幕:汽车流水线作业一眼望不到头,无数工人穿着橙色与黑色相间的工作服,正在对吉利新金刚进行组装。

每一辆汽车都被有编号的架子架空,从一头慢慢向另一头移动,下面的工人从汽车底盘安装到汽车内饰的布置,都要紧密配合、相辅相成,随着车间滚轴转动的节奏,不同区域的工人们必须在固定时间内完成工作。

从初装到下线,每辆车都要通过一个又一个红色的质量保证门,保证每道工序的加工都是合格的。现在,平均每2分钟就有一台金刚汽车下流水线。

有车主参观完之后,感慨万分地说:"眼见为实,吉利金刚的生产工艺真的可以让我们放心,而这种将车主请进家门的做法,也让我们感觉企业和我们很亲近,相信这种务实、亲民、诚恳的态度能够为吉利金刚赢得越来越多的信任和支持。"

吉利金刚自2006年诞生以来,凭借其较高的性价比,在市场上连续十几年都是"常胜将军",长销不断。吉利新金刚装载JLB-4G15高性能DVVT发动机,最大可输出102马力,在起步与加速超车时拥有充足的动力。此外,吉利金刚三厢发动机,每百公里的油耗仅为5升左右。很多吉利新金刚的车主,

就是看中它的马力足与油耗低的特点才下手的。

3万多员工1万多件专利

吉利集团建于1986年，于1997年进入汽车行业，总部位于杭州，有员工将3万多员工，旗下拥有吉利、领克、沃尔沃、伦敦出租车、宝腾和路特斯（莲花）六大汽车品牌。吉利汽车在浙江台州、浙江宁波、湖南湘潭、四川成都、陕西宝鸡、山西晋中等地建有汽车整车和动力总成制造基地。

吉利汽车在浙江杭州建有研究院，形成完备的整车、发动机、变速箱和汽车电子电器的开发能力。多年来，吉利汽车专利申请和授权量分别达14000余件和12200多件。据统计，截至2018年底，吉利汽车累计社会保有量超过600万辆。

李书福说："汽车是一个人才、技术和资本高度密集的行业，吉利进入这个行业时这方面的条件相对比较欠缺，无论从资本、技术还是人才来讲，我们都是比较欠缺的。好就好在当初中国汽车的价格非常高，一般的老百姓总认为轿车和普通老百姓离得很远，所以我们首先要解决这个问题，就是要造老百姓买得起的好车，按照这个理念从事我们所要从事的工作，这十多年来我们一直做这样一件事情，相对而言吉利在为中国老百姓造能够买得起好车的事业上已经走了一大步。"

目前，吉利的制造工厂正在加速转型升级，不断加大智能制造的投入，未来工人们将与机器人合作生产吉利汽车。现在，吉利汽车路桥生产基地平均每2分钟就有一台金刚汽车下流水线，未来升级之后可能不足1分钟就有一台金刚汽车下线。

如上海通用金桥工厂里面，机器人的数量已经超过了工人的数量。上海通用金桥工厂号称中国最先进的制造业工厂、中国智造的典范。在偌大的车间内，工人只有10多个，他们却管理着386台机器人，每天工人们与机器人合作生产80台凯迪拉克。在每一台机器人的"手"中，各种繁重的焊接工作如同"天使的舞蹈"一般，充满了机械的力量与科技的美感。

成长图谱 13 把自己培养成创新型人才

1. **转变学习方式**。做到自主学习，合作学习，探究学习。如李书福通过引进外部"人才大树"与内部培养"人才小树"，让员工们变成创新型人才。

2. **培养好奇心**。培养求异思维、创新思维，独立思考、勇于实践。在大家认为不可能的时候，李书福却动员变速箱人才自主研发变速箱，要权给权，要钱给钱，要人给人，最终获得成功。

3. **树立远大理想**。积极承担社会责任。如李书福十多年来一直做这样一件事情，就是要造老百姓买得起的好车。

4. **学会终身学习**。不断学习，不断创新，才能推动社会进步。如李书福在造车过程中领悟到要从根本上解决汽车工业的发展，必须要自己培养人才。

5. **培养创新意识**。敢于做一些"颠覆"的事情。如李书福设计了四大研发中心、四大设计中心，通过"中西合璧"搞创新。

图64　培养创新型人才

第14章

团队哲学：我能把吉利做起来，关键是天时地利人和

> 改革开放这个历史机遇和我们这个年龄层，刚好是衔接上的。我能把吉利做起来，关键是天时地利人和！台州资源比较贫乏，没矿山，只有大山和大海，只有靠自己的双手和大脑去寻找生存和发展的机遇。
>
> ——李书福

1．汽车基地以全球竞争力的标准建工厂、开发车型

2012年7月李书福终于要搬厂，这一搬就要搬四个。在八大生产基地中，四大生产基地将宣告重新布局——或在原址升级生产线，或搬离闹市、转战新基地。李书福说："随着竞争形势越来越严峻，只有用具有全球竞争力的标准建工厂、开发车型，才能迎来可持续的增长。"

国内八大整车生产基地

在吉利八个生产基地中，内部常叫"四老四新"，四大老基地是集团一级子公司，四个新基地实际上属二级公司，由四大老基地履行管理职能。

"四老"包括：临海（豪情）基地，生产吉利熊猫、GX2（熊猫改款）；宁波（美日）基地，生产吉利自由舰、EC7、EC7～RV；路桥（金刚）基地，生产吉利金刚、金鹰、SC5～RV；上海（华普）基地，生产吉利SC718（海景）、TX4。

"四新"包括：兰州基地，生产吉利自由舰、EC7；成都基地，是生产SUV等整车的基地，也是沃尔沃越野车生产基地，生产吉利GX718、EX5、EX7，首期目标年产10万辆，生产线将具备3分钟产出一辆新车的能力；湘潭基地，生产吉利远景及其改进款；济南基地，生产吉利EC8。还有，吉利慈溪基地，是零部件工业园，不算是整车制造基地。

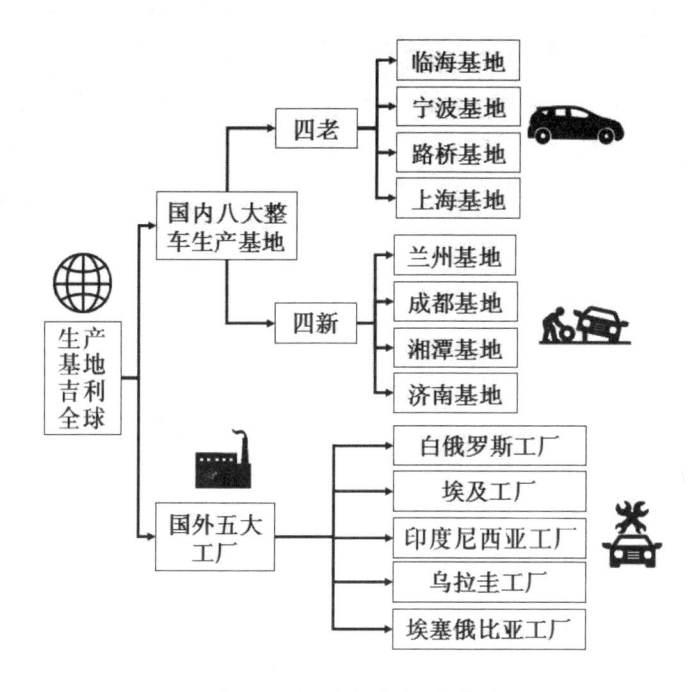

图65 吉利全球生产基地

国外五大工厂

目前，吉利在国外建有五大工厂。第一是吉利白俄罗斯工厂，主要生产的车型就是TX5车型。第二是吉利埃及工厂，生产吉利帝豪。第三是吉利印度尼西亚工厂。主要采用散件组装的方式进行生产，年产量设计为3万台，产品面向马来西亚、新加坡等东南亚国家市场。第四是吉利乌拉圭工厂，这座工厂在2013年便建设完成了，年设计产量为2万台，主要生产帝豪系列车型，销往巴西和乌拉圭等市场。

最后一个是吉利埃塞俄比亚工厂，这座工厂建设完成于2011年，厂址位于埃塞俄比亚北部提格雷州首府麦克雷市。虽然埃塞俄比亚是个贫穷的国家，这座工厂初期的年产能只有几百台，但是李书福也坚持在这个国家建厂，因为坚持就是胜利。

吉利在国内有八大整车生产基地，再加上国外五大工厂，已经有13个工厂了，可是李书福认为还不够多。李书福曾经表示："在未来，吉利集团将在海内外建成 15 个生产基地，并实现产销 200 万辆的目标。"

  李书福搬厂时，或在原址升级生产线，或搬离闹市、转战新基地，一方面考虑成本问题，另一方面考虑全球竞争力的问题。所以李书福在搬厂中，以高标准建成了四个新工厂，如成都生产基地的生产线将具备 3 分钟产出一辆新车的能力。

2. 汽车是个群体运动，要几万个员工通力协作

日出东方，金光万道，位于宁波杭州湾新区的吉利汽车研发中心大楼熠熠生辉，傲立于天地之间。此时，穿着橙色与黑色相间的工程师们开始对吉利帝豪 GL（4 门 5 座三厢轿车）进行"魔鬼般"的性能试验。

魔鬼般性能试验

第一项：耐久性测试振动一个月。

车辆在正常使用的情况下，整车、子系统以及关键零部件上会产生动态负载，一般来说，零部件的疲劳寿命决定了汽车的寿命。很快吉利帝豪 GL 就被架到黄色的台架上进行耐久性试验，整车 24 通道模拟多种路况下各种的震动，如原野、山丘、颠簸路、泥泞路、减速坎、蛇形卵石路、砂石路、搓板路、比利时路、凸块路、扭曲路、路面接缝路，以及长波、短波轻中型石块路和各种共振路等。

这样的振动测试，24 小时不间断、持续一个月，看看汽车的零件能否"扛得住"！如果这样的振动测试都没有问题的话，那么车主在实际使用过程中，关键部件耐久寿命可达 10 年！

第二项：整车高低温百度温差试验。

汽车在寒冷的气候中，会导致燃油凝固、蓄电池电压变低，车辆发动机难以启动；在高温的环境下，汽车可能会自燃或者爆胎。在中国南北温差高达可达 70℃ 以上，所以为了保证吉利汽车能跑遍全世界，必须要对其进行整车高低温百度温差试验。

在试验室，工程师将气温调至 -40℃，身穿羽绒服坐到车子里面发动汽车，

一连试了 4 次均能够发动吉利帝豪 GL。中国华南（如广东、海南等地）夏季的气温超过 30℃，工程师将气温一下子调高至 70℃，然后发动车子时行高温环境测试，对整车排放试验、热平衡试验、热害试验、空调降温试验、空气内循环试验进行分析，确保吉利帝豪 GL 能够正常工作，不会受外界温度的影响。

第三项，600 小时的战栗试验。

在经过"百度温差的磨难"之后，吉利帝豪 GL 又被移到四立柱结构耐久多处用试验验室，进行长达 600 小时、上下左右前后的战栗试验。此台架不仅可以完成耐久试验，还可以模拟环境变化，多处用试验验室一下子变成冰箱、一下子变成微波炉，对吉利帝豪 GL 进行百般折磨。

该多处用试验验室可以模拟 -40℃至 70℃的高低温以及湿度、光照等环境变化，提供了类似低温会使金属零部件变脆、强光照射会使橡胶部件老化等试验条件。一旦发现异响，工程师就会从单个细小的零部件到整车进行排查与解决。

第四项，汽车电磁兼容性试验。

随着汽车电控技术的不断发展，车载电子设备的数量大大增加。在试验中，"电磁王"工程师通过设备使天线或场发生装置发出高强度的电磁场和干扰信号，测试吉利帝豪 GL 的电子设备在严重干扰的情况下，能否正常运行。吉利汽车研发中心的 10 米法 EMC 实验室配有整车半电波暗室、四驱转毂、零部件半电波暗室、屏蔽室等，可以对各种混动、电动、燃油车辆及零部件进行电磁兼容性试验。经过测试，吉利帝豪 GL 在"电磁王"的暴力干扰下，车内各种电子设备既能正常运行，也不会影响周边其他车辆电子设备的运行。

第五项，整车异响试验。

异响，是指车辆在驾驶或操作过程中，某些零部件或总成产生的非正常、不必要的声音。其产生的原因多为零部件的结构设计、制造工艺、装配精度出现问题，或者受各种温度、湿度等环境条件的影响。

工程师们把吉利帝豪 GL 放置在振动台架上，模拟扭曲路、搓板路、鹅卵石路、比利时路、钢条路、长波路、深坑路等377种路况。同时实现~40℃~70℃温湿度变化的环境舱，为车辆提供了不同路况行驶状态和不同温湿度环境变化的实验条件，从而激发出各种可能产生异响的原因。

帝豪GL在NVH（噪声、振动与声振粗糙度）性能开发与验证上总共历时36个月，涉及89项整车试验、1048项NVH性能指标的把控和监督，同时，瑞典专家团队也进行了3轮验证测评。最终确保整车、零部件均无异响，大大提高汽车的静谧性、驾乘的舒适性。

汽车也是个群体运动

按照规划，吉利汽车研发中心每年会全新开发5款新车型、3款发动机及3款变速箱，整车试制每年规划为2400台，目前研发中心已拥有各类研发人员1万多人。吉利汽车研发中心业已成为吉利"20300战略"目标、聚集整个集团所有资源和设备的核心研发基地。

吉利汽车搞研发，需要1万多人的团队进行通力合作、搞大规模"群体运动"，才能制造精品。如上述，在试验吉利汽车的过程中，各种各样的工程师相互配合完成对车辆耐久性测、百度温差试验、战栗试验和整车异响试验等。李书福曾经说过："足球和汽车很像。足球是个群体运动，汽车也是个群体运动，要几万个员工通力协作。足球搞不好，是因为合作精神不好；汽车搞不好，也是因为合作关系没搞好。沟通合作是中国汽车业凝聚力和战斗力的根本保证。"

在吉利汽车研发中心，李书福组织了1万多名工程师，一边开发新车型，一边进行大量的整车试制、试验，充分发挥各个工程师的积极性与创造性，实现优势互补、集中力量办大事。美国波音公司也十分重视这种国际化协作分工。美国波音公司生产的波音747飞机所用的450万个零部件，是由6个国家的1500家大企业和15000家中小型企业参与协作分工生产出来的。美国波音公司这种生产方式的好处是：有利于合理利用和配置资源，提高生产效率，降低生产成本；有利于优势互补，提高产品质量。

3. 沟通合作是中国汽车业凝聚力和战斗力的根本保证

2018年11月深夜，武汉有位老板把自己的电动汽车开回地下车库，他像平常一样把充电桩旁的充电头拉出给电动汽车充电，然后就回家睡觉。

"咚咚，你的车着火了！"凌晨的时候，老板的房门快要被物管人员给敲裂了。

电动汽车的安全隐患

老板裹着被单跑到地下车库，发现电动汽车充电时突然发生自燃，不仅把电动车烧得一团渣，还把停放在旁边的货车也烧毁了。一个晚上的功夫，自己的车没了，自己的货也没了，一共损失100多万元。老板看着看着就晕了过去，他后悔得肠子都发青了，以后得立下祖训"一家三代不许买电动车"。

自从纯电动车上市以来，各种版本的"电动汽车充电自燃"消息持续在网络上发酵，引起了很多纯电动车主的恐慌。专家分析，新能源纯电动车自燃可能系电池系统失效所致，电池可能因为长期使用而老化，老化过程中出现内短路。在短路时，电池会逐渐发热，当超过一定温度范围，电池可能起火。还有一种可能，就是因为电池过充，导致电池管理控制器失效，引发安全风险。

可见，不论是电池老化还是电池过充，都可能发生事故。电动车充电，一般分为快充与慢充，其中快充特别容易使电池过充而出事。美国特斯拉是全球电动汽车发展的标杆，以特斯拉Model S为例，快充需要4.5小时，慢充需要10.5小时，续航里程为632公里。国内以吉利帝豪EV为例，快充时间为 30 分钟，慢充时间为 9 个小时，续航里程为 400 公里。车主在充电时，如果选择快充，一旦充过了时间也可能产生安全隐患……

充电安全技术的合作

2018 年 12 月，为了促进电动汽车的充电服务优化和充电安全保障，吉利新能源与青岛特来电新能源有限公司签署了关于充电安全生态技术的战略合作协议。

特来电新能源有限公司是目前中国最大的汽车供电网平台运营公司，拥有中国最大的汽车充电网，旗下共有 88 家子公司，在全国 305 个城市落地近 20 万个充电终端，服务用户 130 万，总充电量突破 16 亿度，日充电量 420 万度，全国市场占有率达 43% 以上。

通过合作，吉利新能源旗下车型可以享受由特来电带来的优质化充电服务。同时，双方将共同推动充电安全和电池养护服务，进行电池生命周期数据管理，为电动车用户提供车辆和电池维护保养建议和报告。

"闻道有先后，术业有专攻。"吉利汽车不可能掌握汽车产业链上下游的所有技术，所以只能通过合作与联盟来实现快速发展。李书福说过："沟通合作是中国汽车业凝聚力和战斗力的根本保证。"

李书福通过与特来电供电网平台合作，一来可以共享他们的全国充电网，二来可以提供充电安全和电池养护服务。因为吉利电动车完成销售之后，相关的充电安全和电池养护就是属于汽车后市场的服务范围，需要专业的公司来做专业的事情。

团结就是力量，日本车企抱团发展，给中国车企提供了很好的借鉴与参考。面对欧美车企的激烈竞争，日本车企抱团组建 AICE，通过合力提升燃油经济性，试图夺回柴油车市场的霸主地位。

2014 年 5 月，本田、丰田、日产、铃木、三菱、大发、马自达和富士重工－斯巴鲁，共建"汽车内燃机研究协会"（简称 AICE）。AICE 设置了为期 10 年的发展框架，到 2020 年左右将汽油发动机和柴油发动机的燃油经济性较当前提升 30%。如今汽油发动机燃烧效率最高为 39%，而柴油发动机最高为 42%。AICE 计划在 2020 年前后将两种内燃发动机的燃烧效率都提升至 50% 的空前水平。

　　AICE 还指出，柴油发动机技术当下仍是日本车企的弱点，柴油车在日本车市所占份额极小，所以他们将合力在柴油车方面快速做出突破。

4. 组织架构调整，领导干部离岗再聘

2019年1月李书福召开高层组织架构调整大会，对旗下的品牌架构进行新一轮调整，吉利新能源上升成为与吉利、领克并行的三大品牌之一，与此同时部分高层的职位也出现了变化。

寒冬中的调整

李书福调整领导干部的大招就是离岗再聘。经过一轮调整，所有部门管理岗位领导干部都要离岗再聘，调整后林杰任吉利汽车集团副总裁兼领克销售公司总经理，分管三大品牌的营销管理工作。宋军由吉利品牌销售公司常务副总经理升任总经理一职。郑状升任吉利新能源销售有限公司总经理。从此，吉利品牌、领克品牌、吉利新能源正式成为拉动吉利汽车集团业务发展的"三缸发动机"。

2018年，中美贸易战此起彼伏，国六排放标准来势汹汹，对中国整个车市影响很大，车市进入了寒冬蛰伏期。2018年，吉利汽车全年累计销量超过150万辆，达到1500838辆，同比增长20%，全年目标完成率95%，继续领跑中国品牌乘用车市场。

为了在车市寒冬中继续逆市驰骋，李书福经过调整组织结构、对领导干部执行离岗再聘，就是要把大家的聪明才智发挥出来，把团队的力量发挥出来。

吉利六面大旗

李书福说："我认为我的能力水平、知识面很有限，一个人的力量是很有限的，关键是要发挥一个团队的作用，团队的作用一旦发挥出来了，这个力

量是无穷的。所以我们提出的战略叫作'主体跟随，局部超越，招贤纳士，后来居上，全面领先'。其中重点突破，其中合作联盟，其中招贤纳士这些都是体现出不是一个人讲得算了。"

"吉利有一个六面大旗，这就是说吉利精神，我们说认准一个方向，凝聚一种力量，完成一种使命，提炼一个精神就是吉利精神，有六面大旗，那就是团队的精神、学习的精神、创新的精神、拼搏的精神、精益求精的精神、实事求是的精神，吉利六面大旗，所以要把大家的聪明才智发挥出来，把团队的力量发挥出来。"

图66　吉利组织架构调整

李书福在组织结构调整中，把吉利品牌、领克品牌、吉利新能源三个品牌独立出来，执行专人专管，好比三个事业部制，一起拉动吉利汽车集团业务的发展。

事业部制是一种常见的组织结构形式，又称分公司制结构，最早起源、应用于美国通用公司。事业部不是独立的法人企业，但具有较大的经营权限，实行独立核算、自负盈亏，是一个利润中心，从经营的角度上来说，事业部相当于一个公司。

20世纪20年代初，通用汽车公司合并收购了别克、凯迪拉克、雪佛兰、奥兹莫比尔、庞帝亚克、克尔维特等公司，企业规模急剧扩大，产品种类和经营项目增多，而内部管理却是一团糟。

1924年，当时担任通用汽车公司常务副总经理的斯隆参考杜邦化学公司的经验，以事业部制的形式对原有组织改组，使通用汽车获得巨大成功，因而事业部制又称"斯隆模型""联邦分权制"。

事业部制有两大优点，一是市场反应速度快，二是决策效率更高。每个事业部都有自己的产品和市场，能够灵活自主地适应市场出现的新情况，并迅速作出反应。同时因为权力下放，事业部领导干部发挥积极性和创造性，通过快速杀伐决断的能力，提高企业的整体效益。目前，通用汽车的事业部主要包括：通用汽车北美地区、通用汽车欧洲地区、通用汽车国际运营部、通用汽车南美地区和通用汽车金融业务。

5．集团旗下的各企业依然是相对独立、协同发展

2010年3月，李书福从美国福特手中收购了瑞典沃尔沃汽车。在收购之后，沃尔沃依然相对独立发展，原来怎么运行现在还是怎么运行，吉利方面也派出很多中方人员去瑞典沃尔沃学习和借鉴相关安全技术。

沃尔沃还是以前的沃尔沃

吉利与沃尔沃原本是收购与被收购的关系，但是李书福认为他们的关系是兄弟不是父子。李书福说："吉利是吉利，沃尔沃是沃尔沃，吉利与沃尔沃之间是兄弟关系，不是父子关系。沃尔沃拥有两个本土市场，一个是在瑞典，一个是在中国。我们正确处理与工会的关系，最大限度激发海外员工的积极性。"

李书福收购了瑞典沃尔沃，并没有强加"中国式管控"，而是让其相对独立发展。吉利还通过分享自己的渠道，把庞大的中国市场交给沃尔沃。

李书福收沃尔沃之后，沃尔沃"双零双强"的企业发展目标不会调整。"双零"指的是零排放和零伤亡，"双强"则是指强大的竞争力与生命力。沃尔沃将致力于高档豪华车市场的开拓，而吉利将运用自身经验帮助沃尔沃降低成本。

李书福说："吉利会还原沃尔沃原有的独立性，恢复其往日的竞争力，继续推动沃尔沃在安全和环保领域的全球领先地位，尊重沃尔沃原有的核心价值理念和成熟的商业文明，巩固和加强沃尔沃在欧美传统市场的地位，开拓和发展包括中国在内的新兴市场，拉长并拓宽沃尔沃产品线，重新打造沃尔沃曾经拥有的绝对全球领先地位。"

2011年1月，沃尔沃汽车集团中国区正式挂牌，沃尔沃中国战略大幕正

式开启……

各企业相对独立，协同发展

一晃 8 年过去了，李书福除了让沃尔沃相对独立发展，还让路特斯、宝腾、伦敦电动汽车等收购回来的公司统统相对独立发展。

2019 年 1 月吉利控股集团董事长李书福在新年致辞发表了重要演讲，题为《我们如何在变化的世界中找到更大的发展空间》。

李书福说："2019 年，浙江吉利控股集团旗下的各企业依然是相对独立，协同发展。吉利是吉利，沃尔沃是沃尔沃，路特斯是路特斯，宝腾是宝腾，还有 Polestar 电动车、远程新能源商用车、伦敦电动汽车，大家各自围绕自己的用户，围绕自己的品牌定位，积极参与市场竞争，努力争取更多市场份额，但在一些基础技术研究、基础架构开发等方面尽量寻求协同，最大限度共享集团资源，降低各自成本，为用户创造更多价值。"

李书福收购回来的企业，让其相对独立，协同发展，可以避免更多的文化整合风险。实践证明，有些集团公司收购外国企业之后因为文化整合不过关，中西方文化差异太大，包括思维方式、价值取向、伦理道德等难以融合，最终导致整合失败。比如吃米饭的中国人与吃鲱鱼罐头的瑞典人，因为吃饭的方法不对都会产生不少误会，更不用说整合各个经营的企业、整合各种迥然不同的管理方式了。

美团收购摩拜自行车，也让其相对独立发展。2016 年胡玮炜创办了北京摩拜科技有限公司，研发互联网短途出行解决方案。经过几年迅猛发展，摩拜自行车以北京、上海、深圳、广州这些热点城市成为主战场，在全国各地投放车辆高达 2000 万辆。2018 年 4 月，美团以 27 亿美元全资收购了摩拜，收购完成之后，摩拜自行车将更名美团自行车，虽然在继续亏损，但依旧保持着品牌独立和运营独立。

成长图谱14 如何带领一个团队

1. **制定做事的标准**。作为领队需要制定做事的标准，这样队员才会知道怎么做事。如李书福搬厂时，以全球竞争力的标准建工厂、开发车型，最终形成"四老四新"八大生产基地。

2. **建立小而美的组织**。队员在性格、能力等方面形成优势互补，犹如"珠联璧合"。如李书福通过与特来电合作，一来可以共享他们的全国充电网，二来可以提供充电安全和电池养护服务。

3. **激励队员形成合力**。既可以靠福利、待遇激励，也可以靠目标与信仰激励。如李书福在吉利汽车研发中心（福利好、待遇好）组织了1万多名工程师，利用工程师的"集体合力"来办大事——开发新车型、整车试制。

4. **动态组织调整**。没有完美的团队，只有不断调整的团队。如李书福对高层组织架构进行调整，形成吉利新能源、吉利、领克三大并行品牌，同时对领导干部执行离岗再聘。

5. **充分授权让其独立发挥**。队长授权给队员，可以让队员在自己的专业领域做到极致。如李书福收购回来的沃尔沃、路特斯、宝腾、伦敦电动汽车等公司，就让他们继续保持相对独立，协同发展。

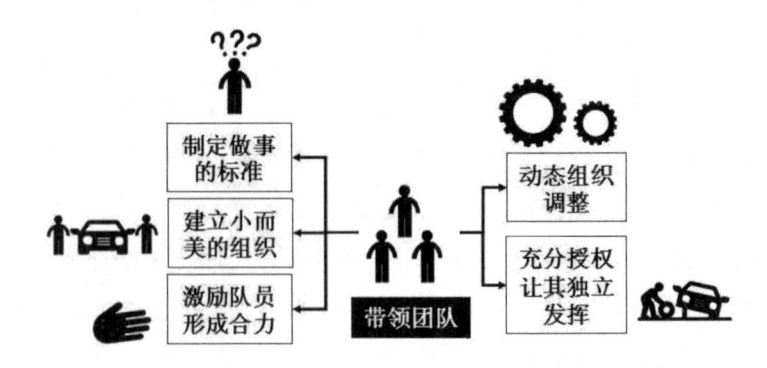

图67 带领一个团队

第15章

管理哲学：企业需要规范、有序的管理，才能生存与发展

> 企业需要规范、有序的管理，才能生存与发展。必须迅速提高新产品开发速度、管理水平。
>
> ——李书福

1. 内部管理：没有危机感那才是最大的危机

有一年，有一位吉利前高管未到服务年限就跳槽另谋高就了，按照当时吉利公司的规定需要补交一定的住房优惠款。

进行制度化管理

这位前高管十分愤怒，于是就写信给李书福抱怨此事："没有功劳也有苦劳，公司这样做太不近人情了……"

李书福想了一下，就写了一封信回复这位前高管说："吉利的管理是透明的，企业管理要有章法，我们兄弟之间要有人情，这两者并不矛盾……"

后来，这位前高管再也不争辩了，老老实实补交了住房优惠款，谁让他违约在先呢。

李书福在公司内管理的大招就是用制度管人。因为人治是很危险的、人治会受到七情六欲的影响，而通过制度治人，体现人人平等，这才是企业管理的正道。李书福说："危机感每天都有，没有危机感那才是最大的危机。"

吉利在创办之初，被指为家族企业。1997年，李书福与哥哥李胥兵、弟弟李书通等兄弟四人合作成立吉利集团有限公司，当时李书福任董事长、哥哥李胥兵任总裁、弟弟李书通任总经理。

有一年，李书福的弟弟出任集团副总裁，却无视集团的既定发展计划，自行其是，利用公司资源做其他事情。李书福加以制止，但是他的弟弟还是我行我素。

最终，愈演愈烈的"兄弟分歧"造成吉利集团的巨额亏损，危及上亿资产，甚至差点让吉利集团触礁翻船。最终，李书福只能"请"他的弟弟离开吉利集团。

这个教训让李书福明白了这样一个道理，家族企业如果没有好的制度约束，也容易分崩离析。李书福说："创业阶段我们兄弟劲往一处使，创造了一些奇迹，但进入守业和壮大阶段，副作用开始占据主导地位，制度容易被架空。企业存在的同时，也肩负了一定的社会责任，尤其进入汽车这样一个领域，要向全社会提供很好的服务，让全社会认同这个企业，所以管理也必须社会化。"

管理必须社会化

2000年，李书福开始对家族企业进行改变，转型为现代股份制企业，公司老总再也不轻易安排给自家人。

2000年5月，吉利集团召开全体股东会议，一致同意李书福的弟弟李书通退出吉利集团，他所占吉利集团有限公司20%的股份置换成吉利集团所属浙江嘉吉摩托车有限公司80%的股份。通过股份置换后，弟弟李书通顺利退出吉利集团。

2002年，李书福动员浙江省地税系统的徐刚辞官下海，加盟吉利集团，担任集团CEO。与此同时，李书福的哥哥李胥兵渐渐淡出吉利集团。2011年12月新疆人安聪慧担任浙江吉利控股集团总裁、浙江吉利汽车集团总裁兼CEO。通过一系列的改造后，吉利的家族企业特性逐渐消失，来自海内外的汽车精英，纷纷聚于吉利汽车的麾下，出谋划策、投资未来。

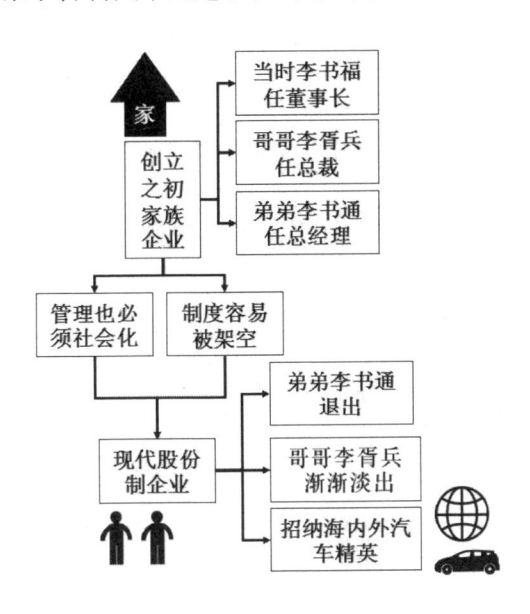

图68　制度化管理

家族企业既有优点也有缺点,优点在于利用血浓于水的亲情纽带团结一切可以团结的力量,"兄弟齐心,其利断金",迅速打开市场局面;缺点就是有时候管理者碍于亲情,无法做到真正的令行禁止。所以,李书福通过多年努力,把吉利从家族式企业改造成了现代化股份制企业,让各位高管的责权利分明。

玖龙纸业是中国一家典型的家族企业,但并不影响它的成功。1998年7月,张茵在东莞创办了玖龙纸业。在管理团队方面,主要还是重用自家人:张茵出任董事长,张茵的丈夫刘名中先生出任副董事长兼行政总裁,而张茵的弟弟张成飞先生出任执行董事兼副行政总裁。张茵通过收废纸发展成为胡润百富榜上第一位女首富,确实有过人之处,说明家族企业只要管理得好,还是比较稳固的。

2. 李氏兄弟再次合抱汽车梦

2000年，李书福的弟弟李书通在离开吉利集团之后，来到了上海开始悄悄造车。李书通在上海创办上海杰士达集团，重组了陕西省第二汽车制造厂，开始与吉林江北机械厂合作生产杰士达美鹿轿车。杰士达美鹿，售价为6万到8万元之间。

吉利与杰士达资产置换

与此同时，李书福在宁波生产基地造出优利欧轿车，在性能上优于夏利与赛欧，售价7万多元。李氏兄弟同时造车，一时间形成了竞争态势。

李书福见势不妙，就主动找到弟弟李书通，请求共图发展。一山不容二虎，在相对固定的华东市场民营车企不可能多家独大，在权衡利弊之后，李氏兄弟走向再次合作。

2002年8月，吉利集团与上海杰士达集团在上海联合宣布按"强强联合、优势互补、专业分工、共图发展"的原则进行资产重组。吉利集团以部分非汽车类资产置换杰士达集团轿车生产、销售项目的资产。双方约定李书福的吉利集团今后集中开发轿车和小客车市场，而弟弟李书通今后集中生产大客车和大货车，在产品链上形成优势互补、专业分工的格局。

自此，分开独立经营达两年之久的李书福、李书通兄弟又再次走到了一起，合抱汽车之梦。双方置换的部分资产在5亿元左右，吉利全部留用杰士达汽车厂的人员，杰士达变成了吉利集团的一个下属公司。

国际化企业+民营企业

李书福用国际化的标准来管理企业，在海外渠道与全球研发技术方面拥有竞争优势，而杰士达作为传统民营企业拥有成本控制、地方资源的优势。吉利汽车与杰士达的融合，相当于把国际化企业和传统民营企业的优势结合起来了。

　　李氏兄弟避免内斗、合抱汽车之梦，说明他们都是聪明的商人。李书福通过资产重组、资产置换的方式，与自己的兄弟重新联合起来，吉利开发轿车和小客车市场，而杰士达生产大客车和大货车，双方产品细分不同，就避免了同室操戈。

　　相比之下，印度第一家族信实集团，两兄弟富豪公然搞内斗，却引发众人的反思。

　　2002年7月6日，信实集团的创始人迪鲁巴伊·安巴尼去世时，留下了一个庞大的信实帝国：总资产达168亿美元，相当于当时印度GDP的3.5%。哥哥穆克什与弟弟阿尼尔这两位儿子靠继承父亲的财产，双双成了富豪。

　　2008年6月，阿尼尔向印度孟买高等法院提起诉讼，控告他的哥哥穆克什在接受美国《纽约时报》采访时称阿尼尔"参与商业间谍活动"。而哥哥穆克什则认为这样的控告很荒谬，因为这一切都是阿尼尔自己主使的……

　　在利益面前，印度这两位富豪会像平民一样"为争一时之气死怼到底"。可见，李书福比其他富豪要聪明得多，他懂得在关键时候与自己的兄弟握手言和，"化干戈为玉帛"。

3. 培养接班人，接管千亿市值的吉利汽车

2013年3月，洪桥集团发布公告称拟召开股东特别大会，审议该公司与吉利汽车所订立的认购协议。此次认购协议为可换股债券，五年到期，涉及金额约7.4亿港元。如果这次增资成功，吉利汽车将成为洪桥集团的第二大股东。

掌握原材料业务

在这次交易中，吉利集团董事长李书福之子李星星持有洪桥集团的股份，有分析人士称，李星星在此过程中获得的实际经验，有助于其今后顺利成为吉利的新掌门人。

洪桥集团成立于2007年，主要从事研发以及勘探矿产资源、钢材产品以及有色金属（包括铜）贸易及多晶硅产品生产和销售。

2010年4月，洪桥集团收购巴西矿业公司（简称SAM）。为了完成这次收购，洪桥集团需要向SAM支付3.9亿美元（约24.25亿人民币）。但是，洪桥集团没有这么多钱，于是他们寻求李书福的帮助。

吉利汽车在全球范围内拥有10多家汽车制造工厂，汽车制造使用大量的钢铁，而铁矿石是重要的炼钢原材料。吉利汽车掌握铁矿石原材料业务，对于确保原材料供应、稳定其生产线、降低制造成本有积极作用。

培养接班人

在这次认购协议中，李书福之子李星星也予以公开。李星星1985年出生，大学毕业后便进入吉利集团任职，曾担任吉利集团浙江摩托车有限公司董事长。2003年，在李星星18岁成年的时候，李书福就陆续从其二哥李胥兵手中

回购吉利控股的股权，并逐步将部分股权转移到了李星星名下。

2016年，李星星出任浙江吉利控股集团有限公司副总裁、吉利控股集团汽车销售有限公司副总经理等职务，渐渐由幕后走向了台前。

国内民营车企对第二代接班人的培养显得异常低调。未来，吉利集团董事长李书福的儿子李星星、青年汽车董事长庞青年的女儿庞彩萍、华泰集团董事长张秀根的儿子张宏亮等人，可能会毫无悬念地继承父辈留下的汽车资产。当然，也有外人来"轮值管理"的可能。如在接班人方面，美国福特董事会主席就是在家族和家族以外的人中不断地交叉轮流，这样，有利于实现企业的可持续发展。

李书福低调培养儿子，相比之下，李嘉诚培养接班人则显得高调得多，李嘉诚曾经把10岁左右的两个儿子李泽钜和李泽楷安排出席长实会议堂董事会议，让他们接受实战商业训练。后来，二子李泽楷选择出去创业。所以，李嘉诚则重点培养长子李泽钜，经过50多年的教诲，李泽钜终于可以独当一面，管控长和系万亿帝国。2018年，90岁的李嘉诚在股东大会上宣布正式退休，正式辞任长江和记实业及长江实业集团主席，由长子李泽钜接任，而李嘉诚转任公司资深顾问。

4．职业经理人：高薪+期权+培养

2015年，很多国有车企的高管们开始产生了困惑，因为三大自主品牌车企的职业经理人，拿着"天价薪酬"，而国有车企的高管们却要节衣缩食执行国家的"限薪令"。

开出最高年薪

在2015年的财政业绩报告中，吉利汽车总裁、执行董事长桂生悦的年薪最高，达到864.6万元，位列车企高管年薪排行榜之首。李书福除了给吉利的高管们发高薪之外，还给他们期权，让他们"死心塌地"地跟着吉利成长。

2019年4月，吉利多名高管减持吉利汽车股票。浙江吉利汽车集团总裁兼CEO安聪慧减持了1070万股。吉利汽车的执行董事杨健、李东辉和桂生悦也减持了吉利汽车股票。其中，杨健减持847.5万股，李东辉减持137.6万股，桂生悦减持300万股。吉利方面表示，上述减持是因为约10年前的部分高管期权到期行权，与实际经营无关。

成为吉利的高管，不仅可以领到高价年薪，还可以到期行权，减持手中持有的吉利汽车的股票，而获得巨额收益。

千名研究生培养计划

李书福除了高薪、期权之外，还对高管们进行免费培养。

早在2010年7月，李书福就启动了"GM1000"即"吉利千名研究生培养计划"，主要有面向高潜力后备人才的"熊猫计划"，面向中基层骨干人员的"金刚"计划，面向高效运营团队的"帝豪计划"，以及国际化人才的"全球鹰"计划。

"GM1000"拥有两大培养特色：一是采用"双轨制"，变学校培养为学校和企业共同培养（吉利控股集团与北京吉利大学、三亚学院两年的共同培养），采用集学校理论教学与企业实践为一体的定制定岗培养模式，学员带课题入学，对"全球鹰"学员将采取"国内＋国外"的培养机制；二是实行"三导师制"，变传统的一师多生制为本校导师、合作院校导师及企业高管共同担任不同方面的指导老师，共同培养。

李书福说："我们不能按照常规模式培养人才，应该有更好的教育培养模式。这个模式一定是区别于传统大学的，有别于全世界所有大学的，我们要研究社会紧缺的人才，适应社会变化、产业调整、转型升级，要与社会经济现实相适应。"

可见，吉利的高管享受着天价年薪、可变现期权，还有研究生培养，所以他们是比较幸福的。

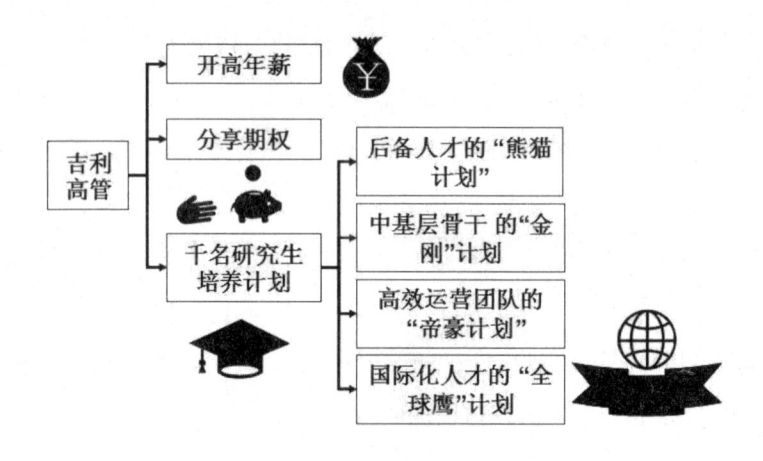

图69　培养高管

李书福虽然给职业经理人以高薪、期权和培养，但是他也注意要始终牢牢控制着上市公司吉利汽车。2016年12月，李书福连续用现金增持吉利汽车的股票，将其持股比例从此前的42.98%升至43.34%。李书福增持吉利汽车股票就是为了避免股权与控制权之争。因为国美电器曾经陷入股权与控制权之争。

在"陈黄大战"中,以董事局主席陈晓为首的职业经理人,与大股东黄光裕家族势同水火。2010年8月,陈晓宣布对黄光裕进行法律起诉。作为反击,黄光裕方面则呼吁投资者支持重组董事局。在错综复杂的控制权之争中,职业经理人陈晓因为势单力薄最终落败。2011年3月,国美电器宣布陈晓辞去公司主席、执行董事职务,而大中电器创办人张大中出任国美主席及非执行董事。国美电器控制权之争,以大股东黄光裕家族获胜而告终。

5．员工管理：提高一线员工待遇

2019年的一天，中午12点，正是吃饭"尖峰时刻"，在宁波杭州湾新区吉利工厂食堂里，无数的吉利员工，包括众多外国研发人员，穿着橙色与黑色相间的工服来到饭堂就餐。这里供应的菜品极为丰富，日韩料理、地方小吃、各类套餐等应有尽有！

在这个"别人家的饭堂"里，以吉利汽车为主题进行设计，餐厅顶部是吉利汽车的英文名GEELY AUTO，里面的座椅设计为三厢车的"乘员舱"，点餐台上展示各种旋转的吉利新车模型，就餐区还有用吉利汽车零部件制作的"变形金刚"，以及用各种轮胎设计成的区域隔离架。在这个吉利饭堂里，把吉利汽车文化与饮食文化完美结合起来。

全员创新靠员工

李书福之所以要加大后勤投入、饭堂建设就是要提高一线员工的待遇。

李书福的目标就是："通过技术进步、品质提高和服务优秀来吸引消费者，同时具有价格竞争力。我们的目标是要让吉利汽车走遍全世界，而不是让全世界的汽车走进全中国。"

为了实现这一目标，需要靠源源不断的自主创新，需要靠成千上万的员工共同来努力。

李书福说："要培养吉利企业的自主创新的能力，从根本上讲我们还是要从机制、从人开始着手，就是要把人的观念、把人的能力培养起来，所以吉利开展全员学历培养和技术培训，发展吉利研究生院，以及吉利博士后工作站的建设等，就是要全方位把人的素养提升起来，形成机制体制氛围。现在是全员的创新，而全员参与的持续改进这个东西是急不来的，急于求成求不来的,所以必须要把基本功做扎实,现在有一个工程叫作原动力工程,就是提升产品的品质和产品技术的持续改进,靠的是什么呢?靠的是员工。"

现在,李书福在吉利集团里,主要从事重大项目的决策,很多事情还得靠员工来完成。李书福成功创业的重要两点,一是敢为天下先,二是认准了就不放弃。李书福说:"我在企业里面只是起着一种象征性的意义,很多具体工作完全是靠团队去做的,其实我现在还是相对比较轻松。"

近年来,中国不少地方出现了用工荒,劳动力市场供需不匹配,大量的年轻人没有技能,但因为生活成本越来越高,他们需要高工资来支撑,而企业却无力支付,所以出现"企业招不到人、年轻人找不到工作"现象。

李书福说:"中国企业的创新能力上不去,中国产品的附加值太低等的主要问题就是企业一线员工的地位太低,他们的积极性调动不起来。另外,目前有一个怪象就是企业招不到农民工,都跑到火车站去抢,而很多大学生却分配不出去。这主要是因为中国的人才结构不合理,人才结构和中国的经济结构不匹配,大批培养出来的大学生不能马上到一线去工作,而一线需要的人,只能去招普通的农民工,没有经过很好的培训,不能生产出优秀的产品,这是制约当前中国产业结构调整和经济发展方式转变的重要方面。"

星级员工带出洋徒弟

员工才是企业创新创造的原动力。因此,李书福十分注重提高一线员工的福利、薪酬、社会地位和政治地位,让更多一线员工获得更快的成长机会。

2013年,一线工人吕义聪进入吉利汽车路桥基地工作,他把董事长李书福的目标牢记心中,要让吉利汽车走遍全世界。他不分昼夜、苦心钻研,从一个最普通的装配工人成长为汽车装调能手,后来又担任了技术质量员。

由于技术过硬,2013年,他代表公司远赴俄罗斯为当地技术工人进行培训,带出了洋徒弟。吕义聪自豪地说:"以前的汽车行业,都是外国人指导我们,现在咱也可以去指导他们。"

多年来,吕义聪在吉利这个大家庭里如鱼得水,先后被评为全国劳动模范、中国青年五四奖章、全国技术能手、全国优秀农民工、浙江省职工技能状元金锤奖等。2017年10月，吉利汽车路桥基地的一线工人吕义聪，成功当选为党的十九大代表。

　　李书福通过提高一线员工的待遇，调动他们的积极性，以增强企业的自主创新的原动力。吉利汽车不仅需要大批的研发人员进行新产品开发及测试，也需要大批一线员工做大规模量产的具体事情。就像华为一样，不仅需要工程师，也需要科学家。

　　华为创始人任正非说："当年，华为是急着解决晚饭问题，顾不及科学家的长远目标。不同时期，有不同时期的指导思想。今天我们已经度过饥荒时期了，有些领域也走到行业前头了，我们要长远一点看未来，我们不仅需要工程商人、职员、操作类员工……也需要科学家，而且还需要思想家，希望你们这些卓越的研究员仰望星空，寻找思想与方向，引导我们十几万人前进。如果十几万的队伍没有方向、没有思想，会溃不成军的。"

成长图谱 15 如何管理自己与他人

1. **要严格自律**。要想管理别人先要管理好自己，学会控制自己的情绪，处理事情对事不对人。如李书福造车，发现弟弟也造车，但李书福并没有"打压"弟弟造车，而是主动找到弟弟寻求合作、共谋发展。

2. **用制度管人**。无规矩不成方圆。如李书福让提前跳槽的前高管补交住房优惠款，因为制度就是这样规定的，大家都要按制度办事。

3. **培养后备力量**。平时进行必要的准备，在关键时刻，可以替代自己或者协助自己履行管理职责。如李书福有意培养儿子李星星的各项能力，为其做接班人做准备。

4. **给以报酬与知识**。请人办事要给以报酬与知识，让他们在物质与精神方面获得双丰收。如李书福给高管开出"天价年薪"，还通过"吉利千名研究生培养计划"对他们的各项能力进行培养。

5. **提高待遇水平**。提高员工的待遇水平，一来让员工的生活更有奔头、盼头，二来可以激发他们的积极性与创造性，形成自主创新的原动力。如李书福十分注重提高一线员工的福利、薪酬、社会地位和政治地位。

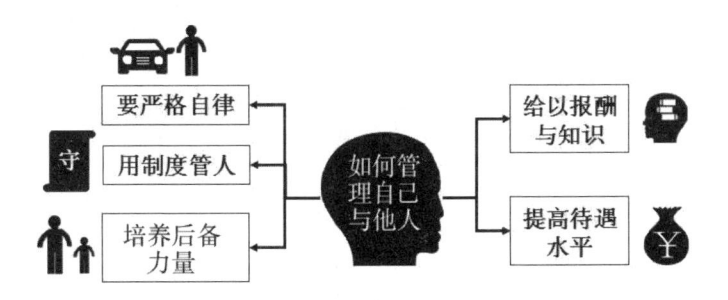

图70 如何管理自己与他人